大展好書　好書大展
品嘗好書　冠群可期

大展好書　好書大展
品嘗好書　冠群可期

·校園系列·

22

難解數學破題

宋釗宜／編著

大展 出版社有限公司

　　說到小學生的數學，相信很多人都會覺得極為簡單。但是，如果依照這種想法，中學生的數學應該更難。這個問題，在解答這本書所介紹的 100 個問題時，會漸漸地明瞭。這 100 個問題雖然是以搜集日本中學入學考試的試題為主，但其程度之高和內容之深都很令人驚訝。但是，要是能輕易地解開這些問題，即使是成人，也稱得上是天才。

　　在中學裏，代數的基礎方面，學習一次方程式、二次方程式，連立方程式；而幾何的基礎方面，學習三角形、四角形、圓的諸性質和三平方的定理。再者，除了這兩個大範疇之外，也學習順列、組合、確率、統計初步。因此，當問題出出來時，就能夠活用這些知識去解。但是，在小學裏，由於沒有學代數或幾何，因此出同樣的問題時，並不能使用到這種高等的知識。因此，祇能想另外的方法去解問題。而這種解題的方法，由於非常巧妙，可以說是比中學的數學更高級。這件事可以舉出有名的「雞兔算」，或許較容易想像，以巧妙的方法所解出的小學的「雞兔算」，在中學時，可用連立方程式輕易地解答。

　　在這本書所介紹的 100 個問題之中，有 90 個問題是從中學入學考試的問題中所精選出來的。但為使整個體裁看來更加整齊，改變文章的表現方法啦，或是添加內容等事都有。其餘的 10 個問題，是古典名作或作者的創作。寫這本書時，因為很想出一些附加的問題，因此附上「想定問題」這一欄，以示區別。

　　這 100 個問題，要是頭腦好的小孩，即使連小學生也能解開。事實上，每個問題的解答，都是小學生能理解的說明。但是，要是不能發現解題的關鍵所在，即是連高中生、大學生也解不出來。雖說是中學入學考試的問題，但決不是很容易就可解題的。這些題目對於國中生、高中生、大學生們思考能力的培養，或者對於已出社會的各位來說，都不失為涵養洞察力和推理力一個很好的方式，相信這 100 個問題會很有用處的。

#

難解數學破題

第一章
數的問題

難解數學破題

問題 1

　　用 10 去除 9 所得的結果，用三個不同分數的和表示出來，而且分子皆為 1。

$$9 \div 10 = \frac{1}{\square} + \frac{1}{\square} + \frac{1}{\square}$$

請在□中填入三個整數。

<說明>

　　右邊的三個分數和為 $\frac{9}{10}$，因此其中的最大分數不得在 $\frac{3}{10}$ 以下。

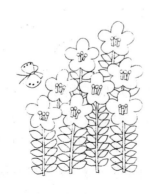

～～〈解答〉～～～～～～～～～～～～～～

　　3 個分數之中最大者如果爲 $\frac{1}{3}$ 的話，由於是三個不同的分數和，所以其和最大也祇能爲

$$\frac{1}{3} + \frac{1}{4} + \frac{1}{5} = \frac{47}{60}$$

這由於比 $\frac{9}{10}$ 小，因此不合。如此一來，可以確定三個分數中最大者爲 $\frac{1}{2}$。

　　因此，接下來，以大的分數如果是 $\frac{1}{3}$

$$\frac{1}{2} + \frac{1}{3} = \frac{5}{6}$$

以 $\frac{9}{10}$ 減去 $\frac{5}{6}$ 就變成

$$\frac{9}{10} - \frac{5}{6} = \frac{1}{15}$$

而剛好右邊的分子也都爲 1，所以

$$\frac{9}{10} = \frac{1}{2} + \frac{1}{3} + \frac{1}{15}$$

就解出來了。

　　但是，雖然也有其他的解法，但如果接下來那第 2 個分數爲 $\frac{1}{4}$ 的話，對應上面的 $\frac{1}{15}$ 的值爲 $\frac{3}{20}$，右邊分子出現 3 也與題意不合。因此，如果是 $\frac{1}{5}$ 的話，會出現兩個 $\frac{1}{5}$ 也不對。同時，未滿 $\frac{1}{5}$ 的分數根本沒有檢查的必要，所以答案祇有如 1 所示的。

問題 2

五位數的整數 80 □□ 9，用 13 去除，37去除皆餘 2 請於□中填入正確的數字，使數字復原。

80 □□ 9 ÷ 13 ＝ □□□□……餘 2

80 □□ 9 ÷ 37 ＝ □□□□……餘 2

<說明>

用不限於五位數的整數，首先找出用13和37去除皆餘 2 的整數。應該可以掌握解決這個整數的秘訣。

～＜解答＞～

用 13 或 37 去除皆餘 2 的整數中，最小的為 2。
如此一來，由於 13 和 37 皆為質數，

$$13 \times 37 = 481$$

加上 2 變成 483 也有和餘 2 相同的性質。因此，逐次
加上 481，

$$483 + 481 = 964$$

$$964 + 481 = 1445$$

$$1445 + 481 = 1926$$

也有相同的性質，如果重複這個動作，一直加到相當
於80□□9 當然也可以，但這種方法太累了。

因此，為尋找更方便的方法，試以 481 去除
80009，

$$80009 \div 481 \doteqdot 166.34$$

如此一來

$$2 + 481 \times 166 = 79848$$

應該也擁有相同的性質。而且，之後即使逐次加上
481，也不費事。實際算來

$$79848 + 481 = 80329$$

$$80329 + 481 = 80810$$

$$80810 + 481 = 81291$$

答案為 80329，以 13 去除，或以 37 去除都餘 2。

問題 3

在 8 張紙上寫上各 1 個數字，每兩張爲一組

$$\boxed{1}\boxed{9}+\boxed{7}\boxed{5}+\boxed{4}\boxed{8}+\boxed{2}\boxed{6}=168$$

將左邊 4 組的數，個位數和十位數調換

例 $\boxed{1}\boxed{9}\rightarrow\boxed{9}\boxed{1}$

右邊的和要變成

$$\boxed{}\boxed{}+\boxed{}\boxed{}+\boxed{}\boxed{}+\boxed{}\boxed{}=222$$

但是對調的組數不限定爲幾組，可自由決定。

＜說明＞

調換個位數和十位數的位置，應該檢查看看數是如何增減，毫無計畫的對調，是無法成功的。

〜〜〜〜〜＜**解答**＞〜〜〜〜〜〜〜〜〜〜〜〜〜〜〜〜〜〜〜

4 組數，如果全將十位和個位數對調的話

19 → 91 （ 增加 72 ）

75 → 57 （ 減少 18 ）

48 → 84 （ 增加 36 ）

26 → 62 （ 增加 36 ）

另一方面，右邊的和也從 168 變成 222，因此，必須增加

168 → 222 （ 增加 54 ）

因此，祇調 1 組數是不可能的。

因此，如果考慮對調兩組的話

$72 - 18 = 54$

$\boxed{9}\boxed{1} + \boxed{5}\boxed{7} + \boxed{4}8 + \boxed{2}6 = 222$

得到答案。

那如果對調 3 組數，

$\boxed{1}\boxed{9} + \boxed{5}\boxed{7} + \boxed{8}\boxed{4} + \boxed{6}\boxed{2} = 222$

也同樣得到正確答案，最後如果考慮 4 組全調換，很明顯的不能增加54。如此一來就有二種答案。

像這種問題，如果祇答出一個就安心的話，是很危險的。

問題 4

　　有 a、b、c、d 4 個數，其和為 90。現在將 a 加上 2，b 減 2，c 乘 2，d 以 2 去除，所得之數皆完全相同，請求出 a、b、c、d 4 個數。

<說明>

　　加上 2 或減 2 比較簡單，但乘上 2 及除以 2 就要考慮一下了。

～～～ ＜解答＞ ～～～～～～～～～～～～～～～

加上 2 和減去 2 由於是相同的數，所以將此數減 2 則爲 a，而加上 2 則爲 b。而且，將 a 和 b 加起來，是相同數的 2 倍。

另一方面，由於 c 乘 2 和 d 除以 2 也得到相同的數，因此將此數除以 2 就得到 c，乘以 2 得到 d。以 2 去除就等於用 0.5 去除，因此 c 和 d 加起來的數爲相同數的 2.5 倍。（＝0.5＋2）

如此一來，從相同數來反看 a、b、c、d 四數時，a 和 b 加起來等於相同數的兩倍，而 c 和 d 加起來爲相同數的 2.5 倍。因此，將 a、b、c、d 四數加起來，則爲相同數的 4.5 倍（＝2＋2.5）。由於其和爲 90，所以相同數爲

$$90 \div 4.5 = 20$$

接下來，最初的 a、b、c、d 的值爲

$$a = 20 - 2 = 18$$
$$b = 20 + 2 = 22$$
$$c = 20 \div 2 = 10$$
$$d = 20 \times 2 = 40$$

問題 5

不同的三個數，乘起來為24的，有四種不同的乘法，

$$1 \times 2 \times 12, \quad 1 \times 3 \times 8,$$

$$1 \times 4 \times 6, \quad 2 \times 3 \times 4,$$

以和這個相同的方法，不同的三個數，乘起來為96的，也有好幾個方法。再者，以不同的五個數，乘起來為1056者，又是如何呢？

<說明>

　如果毫無計畫地計算，會有漏網之魚。請有計畫地一一檢查。

＜解答＞

將 96 分解為質數的積

$$96＝2×2×2×2×2×3$$

因此，在不同的三個數之中，首先其中之一可以當作 1。而其餘的兩個由於一定會包含 3，而其餘的就用 2 的次方來表示，$1×3×32（2^5）$，$1×6×16$，$1×12×8$，$1×24×4$，$1×48×2$，有五個。

接下來，在不同的三個數中，最小的數不是 1，而該視為 2。如此一來，當然也是用 3 乘 2 的次方 $2×3×16$，$2×6×8$，$2×12×4$，有 3 組。在這裏，如果乘以 3 個 2 的話就變成 $2×24×2$，2 有兩個與題意不合。

接下來，在不同的 3 個數中，最小的不是 1 也不是 2 而視為 3 時，祇有 $3×4×8$ 一組。而且，沒有 1、2，也沒有 3 時，可以明瞭當然一組也沒有，如此一來，以不同的 3 個數乘起來為96的，全部有 9 組。

如果以同樣的方法來檢查 1056 的話，雖然有點麻煩，

$$1056＝2×2×2×2×2×3×11$$

可以得到 $1×2×3×4×44$，$1×2×3×8×22$，$1×2×3×11×16$，$1×2×6×8×11$，$1×3×4×8×11$，$1×2×4×6×22$，$1×2×4×11×12$ 七組。

問題 6

　　有八位數的數值，將這個數值的左邊和右邊以相同的數表現出來，例如：

　　48034803，19361936，72657265

在像這樣的數中，求能以 28907 除盡的最大數。

<說明>

　　如果沒有發現問題的本質，當然無法解題。相同的兩個數並列的情況究竟是如何呢？

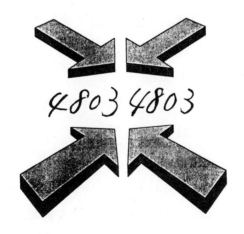

〜〜〜〜〜〜 <解答> 〜〜〜〜〜〜〜〜〜〜〜

例如，想想 48034803 ，這個數為

$$4803 \times 10001 = 48034803$$

因此，我們知道，不管任何四位數並排的數所形成的八位數，皆能用 10001 整除。

另一方面，這個數由於也能被 28907 整除，因此它可被 28907 和 10001 整除，因此， 28907 和 10001 都能同時整除的最大數值（亦即最大公因數），將它求出。

$$28907 \div 10001 = 2 \cdots\cdots 餘 8905$$

$$10001 \div 8905 = 1 \cdots\cdots 餘 1096$$

$$8905 \div 1096 = 8 \cdots\cdots 餘 137$$

$$1096 \div 137 = 8 \cdots\cdots 餘 0$$

因此，最大公因數為 137 ，接下來，所求出的數

$$28907 \div 137 = 211$$

應該也可以被 211 整除。

現在，求出 211 的倍數是四位數的最大數值。

$$10000 \div 211 = 47.39 \cdots\cdots$$

因此，

$$211 \times 47 = 9917$$

如此一來，能被 28907 除盡的最大數值，以相同的兩個四位數並排表現出來則為 99179917 ，為所求。

問題 7

從 1 開始，按順序並排的整數，如

1 | 23 | 456 | 7 | 89 | 10 11 12 | 13 | ……

以 1 個、2 個、3 個的順序反覆劃分。如此一來，第 5 個區間為 9 和 10 之間。那麼，第 100 個區間在多少和多少之間呢？再者，1 個區間中的數總和為 305 時，是第幾個區間呢？

<說明>

　　將區間中的數實際上一一加起來，一直檢查到為 305 是很累人的。請找出區間中數值和的規則性。

〜〜〜〜 **＜解答＞** 〜〜〜〜〜〜〜〜〜〜

　　如 3 個區間為 1 組的話，其中每一個區間都有 6 個整數。因此，為了找尋 100 是 3 個區間的第幾組，

　　　　$100 = 3 \times 33 + 1$

因此，完全的 3 個區間一組有 33 組，而第 34 組的最初區間就是第 100 個。如此一來，從 $6 \times 33 = 198$ 的計算中，可以知道，在整數 198 接下來一個區間就是第 99 個，所以第 100 個區間就在 199 和 200 之間。

　　接下來，為求區間中數的和，試著檢查一下三個區間。首先，在第 1 個、第 4 個、第 7 個等的區間中，整數每一個

　　　　$1，7，13$

都增加 6。因此

　　　　$（305 - 1） \div 6 = 50 \cdots\cdots 餘 4$

因此 305 的整數不僅坐落於一個區間中。接下來，在第 2 個、第 5 個、第 8 個等的區間中，整數每兩個加起來

　　　　$2 + 3 = 5，8 + 9 = 17，14 + 15 = 29，\cdots\cdots$

逐次增加 12，如此一來

　　　　$（305 - 5） \div 12 = 25$

能整除。這在每三個區間為一組時為第 26 個區間，而在每一個區間時則為第 77 個區間（$= 25 \times 3 + 2$），其中，由於加入兩個連續的整數，因此為 152 和 153（$152 + 153 = 305$）。

　　再者，如以相同的方法去檢查的話，可發現在包含三個整數的區間之中，而和為 305 的已經沒有了。

從 2，3，4，5，6，7，8，7 個數中選出兩個例如像 $\frac{2}{3}$ 一樣，將其中的兩數寫成分子和分母的真分數。其中祇選出不能約分的真分數，那麼每兩組的積為 $\frac{1}{2}$，兩個為一組的真分數，全部有幾組呢？

<說明>

　　依照腦中所想的，實際上作成真分數。可以解開解題之道。

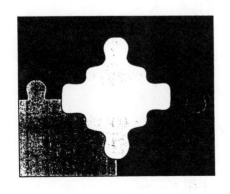

25

＜解答＞

不能約分的眞分數從最小的分母排起

$$3\cdots\cdots\frac{2}{3}$$

$$4\cdots\cdots\frac{3}{4}$$

$$5\cdots\cdots\frac{2}{5},\ \frac{3}{5},\ \frac{4}{5}$$

$$6\cdots\cdots\frac{5}{6}$$

$$7\cdots\cdots\frac{2}{7},\ \frac{3}{7},\ \frac{4}{7},\ \frac{5}{7},\ \frac{6}{7}$$

$$8\cdots\cdots\frac{3}{8},\ \frac{5}{8},\ \frac{7}{8}$$

其中兩個相乘時，積爲 $\frac{1}{2}$ 者有

$$\frac{2}{3}\times\frac{3}{4}=\frac{2}{4}=\frac{1}{2}$$

$$\frac{3}{5}\times\frac{5}{6}=\frac{3}{6}=\frac{1}{2}$$

$$\frac{5}{8}\times\frac{4}{5}=\frac{4}{8}=\frac{1}{2}$$

$$\frac{7}{8}\times\frac{4}{7}=\frac{4}{8}=\frac{1}{2}$$

所以全部爲 4 組。

好好注意的話，這確實是小學生該會的問題。

問題 9

在分子為 6 的分數中，求出其值和 0.0513692 最接近的兩個分數。但是，分數是以已經不能約分的形式出現，而分子正好為 6 時。

<說明>

分母雖然是 3 位數沒錯，但如果沒有計畫這樣反覆算的話，計算的程序是相當煩人的。

<解答>

首先

$$\frac{6}{\Box} = 0.0513692$$

試求□。如此一來

$$\Box = \frac{6}{0.0513692} \div 116.8015$$

分母如果是 116 或 117 的話，其值就接近 0.0513692。但是 $\frac{6}{116} = \frac{3}{58}$，$\frac{6}{117} = \frac{2}{39}$ 都能約分。

由於正確的答案是不能約分的分數，因此從 116 開始往分母小的方向想。

$$\frac{6}{115} , \frac{6}{114} , \frac{6}{113} , \cdots\cdots$$

然後從 117 往分母大的方向想，

$$\frac{6}{118} , \frac{6}{119} , \frac{6}{120} , \cdots\cdots$$

一一檢查，如此一來，不能約分的兩個最初的分數，往分母小的方向有（$\frac{6}{115}$，$\frac{6}{113}$），往分母大的方向有（$\frac{6}{119}$，$\frac{6}{121}$）。如果計算一下他們和 0.0513692 的差，發現 $\frac{6}{115}$ 和 $\frac{6}{113}$ 這一組為最接近的分數，為所求。

問題 10

右邊的計算，顯示 3 位數和 2 位數相乘的數。A，B，C，……，H 是 0 到 9 任何一數，各字以不同的數表示。請復元至右邊的數字。

$$
\begin{array}{r}
B\,C\,A \\
\times\quad B\,A \\
\hline
F\,A\,E\,B \\
G\,B\,D\,A \\
\hline
G\,H\,F\,H\,B
\end{array}
$$

<說明>

　　這個被稱爲覆面算。訂立復元的計畫非常要緊。在這個首先應注意 A 和 A 相乘和 A 和 B 相乘。

＜解答＞

A和A、A和B相乘的結果，應該如右所示。在這裏，在A中填入1到9的數，首先計算A×A。接下來

$$\begin{array}{r} A \\ \times\ A \\ \hline ?\,B \end{array} \qquad \begin{array}{r} A \\ \times\ B \\ \hline ?\,A \end{array}$$

，從各自的計算中，求出B，然後計算A×B，檢查看看是否符合條件。例如，A如果是8，A×A就爲64，B就爲4。如此一來，A×B就變成32，末尾的2和8不一致。因此，A爲8是不正確的。

從這個計算中，A如果是4，而B爲6時，和A爲9而B爲1時，才能符合條件。但是，如果B爲1的話，BCA×B變成3位數，出題的GBDA無法顯出。因此，可以確定A是4而B爲6。把這個結果代入出題的乘法中，如右上段的計算。接下來，即使C最大爲9的話，F則爲2，把這個結果也代入的話，就變成如右邊中段的計算。接下來，如果C不是0，1，2之中任何一個的話，6C4×4的計算也無法順利進行。因

$$\begin{array}{r} 6\,C\,4 \\ \times\quad 6\,4 \\ \hline F\,4\,E\,6 \\ G\,6\,D\,4 \\ \hline G\,H\,F\,H\,6 \end{array}$$

$$\begin{array}{r} 6\,C\,4 \\ \times\quad 6\,4 \\ \hline 2\,4\,E\,6 \\ G\,6\,D\,4 \\ \hline G\,H\,2\,H\,6 \end{array}$$

$$\begin{array}{r} 6\,1\,4 \\ \times\quad 6\,4 \\ \hline 2\,4\,5\,6 \\ 3\,6\,8\,4 \\ \hline 3\,9\,2\,9\,6 \end{array}$$

此，將C當作是0，1，2，實際地做一下3位數和2位數的乘算，發現祇有當C爲1時與條件相符。如此一來，最初的乘算就如右邊下段被復元。

問題 11

以 5 去除餘 4，以 9 去除餘 7，而如果以 11 去除餘 9 的數中，求 500 以下的數。

$\square \div 5 = \triangle \cdots\cdots$ 餘 4

$\square \div 9 = \bigcirc \cdots\cdots$ 餘 7

$\square \div 11 = \bigtriangledown \cdots\cdots$ 餘 9

＜說明＞

——檢查 500 以下所有的數是很累人的。試想看是否有計算較簡便的方法。

～～＜解答＞～～～～～～～～～～～～～～～

　　首先，不要管以 5 去除餘 4 的性質，針對以 9 去除餘 7 和以 11 去除餘 9 兩個性質做探討。如此一來，任何一個祇要加 2 就能被整除，因此加 2 的數，就能被 99（＝9×11）整除。接下來，以 9 去除餘 7，以 11 去除餘 9 的餘數

$$9 \times 11 - 2 = 97$$

是爲此數加上幾個 99 的數。因此，如果試作 500 以下所有的數，

　　　97

　　　97＋99＝196

　　196＋99＝295

　　295＋99＝394

　　394＋99＝493

這些數，任何一個都是以 9 去除餘 9，以 11 去除餘 9 的數。在這裏，這些數以 5 去除的話餘 4 的祇有 394 一個。如此一來，以 5 去除餘 4，以 9 去除餘 7，以 11 去除餘 9，而在 500 以下的數則爲 394。再者，如果所求比 500 大也可以的話，應該爲在 394 加上幾個 495（＝5×9×11）的數沒錯。

問題 12

在□之中填入數字，請完成計算。

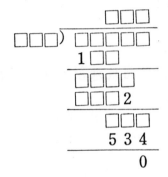

<說明>

　　這個被稱為蟲眼算。在這個問題中，可以想一個好方法使除數簡單化。

＜解答＞

首先，著眼於看534為除數的多少倍，試著用1，2，3，……，9去除534。如此一來，剛好能整除的祇有

$$534 \div 1 = 534$$
$$534 \div 2 = 267$$
$$534 \div 3 = 178$$
$$534 \div 6 = 89$$

四個。是右邊的幾倍，而且乘積為1□□的祇有178。如此一來，

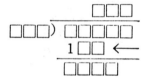

箭頭部分的數為178。178雖然為除數幾倍的數，但即使為2倍，也應為2位數。接下來，把178當成是除數，如此一來，由於□□□2為除數的幾倍，就簡單的決定為1602。

如此一來，原本的除法如下所示

$$
\begin{array}{r}
\boxed{1}\boxed{9}\boxed{3} \\
\boxed{1}\boxed{7}\boxed{8}\,)\,\overline{\boxed{3}\boxed{4}\boxed{3}\boxed{5}\boxed{4}} \\
\boxed{1}\boxed{7}\boxed{8} \\
\hline
\boxed{1}\boxed{6}\boxed{5}\boxed{5} \\
\boxed{1}\boxed{6}\boxed{0}\boxed{2} \\
\hline
\boxed{5}\boxed{3}\boxed{4} \\
5\;3\;4 \\
\hline
0
\end{array}
$$

問題 13

從1到13任何一個數開始,將數依順序排列。例如,從1開始排列為A,從8開始並排為B,從12開

A	1 2 3 4 5 6 7 8 9 10 11 12 13
B	8 9 10 11 12 13 1 2 3 4 5 6 7
C	12 13 1 2 3 4 5 6 7 8 9 10 11

始為C。以這種方法,將以下兩組數如下並排。第3組數應如何排列,才能使縱排的三個數加起來時,和為偶數時的個數為最多?

8 9 10 11 12 13 1 2 3 4 5 6 7
10 11 12 13 1 2 3 4 5 6 7 8 9

<說明>

　　第3組的數可以由1,2,3,……,13任何一個開始,而要一個一個去檢查能有幾個偶數是很累人的。請思考較為輕鬆的方法。

━━━ <解答>━━━━━━━━━━━━━━━━━━━━━━

　　上面的 2 組數，試著將縱排的兩數加起來，偶數有11個，而奇數有 2 個。在下表中，以欄外的「偶」和「奇」表示。

8	9	10	11	12	13	1	2	3	4	5	6	7
10	11	12	13	1	2	3	4	5	6	7	8	9

偶　偶　偶　偶　奇　奇　偶　偶　偶　偶　偶　偶　偶

　　針對11個「偶」，如果第 3 組加上去的話，縱排的 3 數和，不是偶數 6 個，奇數 5 個，就是奇數 6 個，而偶數 5 個。這是因爲偶數和偶數的和爲偶數，而偶數和奇數的和爲奇數這個性質來判斷。再者，對於兩個「奇」，如果以下第 3 組的數也爲奇數的話，那縱排的三數和皆爲偶數。由於下表是依照這種排列方式，因此對於上表的11個「偶」，在最佳的情況下，其中就有 6 個爲偶數。

8	9	10	11	12	13	1	2	3	4	5	6	7
10	11	12	13	1	2	3	4	5	6	7	8	9
9	10	11	12	13	1	2	3	4	5	6	7	8

奇　偶　奇　偶　偶　偶　偶　奇　偶　奇　偶　奇　偶

　　如此一來，縱排的三數之中就有 8 個和爲偶數。這 8 個是最多的情況，從上面的說明中可以明瞭。

問題 14

　　Ａ和Ｂ兩人在算二個整數差，Ａ的答案是 196，而Ｂ的答案爲 520。如果仔細檢查的話，發現Ａ的答案才是正確的，而Ｂ的計算有點兒怪怪的。他忽略了較小數的一位數，而當成一位小數計算，原本的二個整數之中，較大的整數爲多少？

> ＜說明＞
>
> 　　這是個有趣的問題。由於答案不限 1 個，所有可能的答案都要求出。

─ **<解答>** ─

由於看漏了一位數，較小的數大致減少了 $\frac{1}{10}$，但是正確的數字不知道。但是，減掉大概爲 $\frac{1}{10}$ 的數，結果大致也祇大了 $\frac{9}{10}$。因此，B的答案和A的答案差爲

$$520 - 196 = 324$$

大致爲較小一方數的 $\frac{9}{10}$ 倍。這時，較小一方的數的一位數爲 0 的話，較小一方的數正確應爲

$$324 \div \frac{1}{10} = 360$$

在這種情況下，由於可以被整除，所以較大一方的數爲 556（ ＝ 360 ＋ 196 ）。

較小一方的數一位數不是 0 時，看漏的數則爲從 1 到 9 任何一個。如此一來，$\frac{1}{10}$ 就爲從 0.1 到 0.9 任何一個，這個再從 324 去減所得的值，與較小一方的數的 $\frac{9}{10}$ 正確一致。如果以這個觀點去計算，較小一方的數爲從

$$(324 - 0.1) \div \frac{9}{10} \doteqdot 359.89$$

到 $$(324 - 0.9) \div \frac{9}{10} = 359$$

之間。在這之間的整數祇有 359，所以爲較小一方的數，這時較大一方的數爲

$$359 + 196 = 555$$

問題 15

隨便寫一個五位數，再加上這個五位數倒過來寫的數。例如，如果五位數爲 82391 的話，如右所計算的。有某個五位數，和以上所述相同的計算，和爲

163535，請求某數的百位數（以下計算的○）。

（想定問題）

$$\begin{array}{r} \square\heartsuit\bigcirc\diamondsuit\triangle \\ +)\ \triangle\diamondsuit\bigcirc\heartsuit\square \\ \hline 1\ 6\ 3\ 5\ 3\ 5 \end{array}$$

＜說明＞

雖然個，十，千，萬位的數值可以爲各種值。但百位數祇能決定一個數值。

─── ＜解答＞ ───

看和的部分，個位數為 5。接下來，△和□加起來的數為 5 或 15。但是，如果是 5 的話，最高位的兩位數就不是 16。如此一來

$$△＋□＝15$$

現在，萬位數為□，千和百和十，三個位數為 0，個位數為△，想想右式的計算。結果為 150015

$$
\begin{array}{r}
□\,0\,0\,0\,△ \\
+)\ △\,0\,0\,0\,□ \\
\hline
1\,5\,0\,0\,1\,5
\end{array}
$$

$$163535－150015＝13520$$

如果注意的話，會發現中間的三位數應該是

$$
\begin{array}{r}
◯\,0\,\diamondsuit \\
+)\ \diamondsuit\,◯\,◯ \\
\hline
1\,3\,5\,2
\end{array}
$$

因此，看看個位數的 2，那麼□和◯的和為 2 或 12。但是，如果為 2 的話，最高位的二位數就不會出現13，因此，

$$\diamondsuit＋◯＝12$$

現在，百位數為◯，十位數為 0，個位數為□，考慮右邊的計算。結果為 1212，

$$
\begin{array}{r}
◯\,0\,\diamondsuit \\
+)\ \diamondsuit\,0\,◯ \\
\hline
1\,2\,1\,2
\end{array}
$$

$$1352－1212＝140$$

如果注意的話，◯加上兩個為14。因此，原本五位數的百位數為 7。

第二章
圖形的問題

難解數學破題

問題 16

如右圖所示，將正方形的折
紙切割成 5 個部分。距離折紙四
個角 5 公分處，以 45° 的角度，
就可在中央部分減成一個小正方
形。這個小正方形的面積是多少
cm^2？

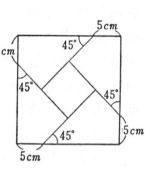

<說明>

　　由於是小學生，可能不知道像「畢氏定理」
等這些所謂高級的定理。而且，即使知道可能也
沒有用。

━━━ <解答> ━━━━━━━━━━━━━━━━

如右圖所示，將四個角
的長度各自延長 5 公分，就
成爲直角二等邊三角形。如
此一來，圍著小正方形就有
4 個大直角等邊三角形，其
斜邊的長度和折紙一邊的長
度相等。接下來，使用這 4
個大的直角等邊三角形，折
成和折紙相同大小的正方形
。如此一來，中間的小正方
形雖然存在，但這個面積應
該和四個小直角等邊三角形
的面積相同。

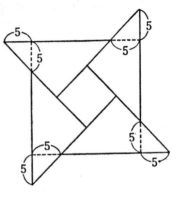

由於小直角等邊三角形
一邊的長度爲 5 cm，因此其
面積爲

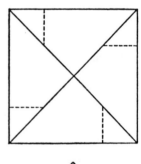

$$\frac{5 \times 5}{2} = 12.5 \ (cm^2)$$

4 個加起來，合計爲

$$12.5 \times 4 = 50 \ (cm^2)$$

折紙正中央的小正方形面積也是 50cm^2。

再者，這個問題之所以有趣，是因爲折紙這個東
西的大小，隨便變也無妨。

問題 17

如右圖的長方體，頂點A周圍的三個長方形面積為，左側的長方形面積 216cm^2，右側長方形的面積為 96cm^2，上側長方形的面積為144cm^2。求頂點A周圍的三個邊AB、AC、AD的長度。

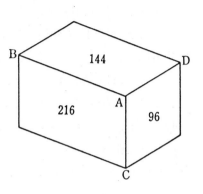

< 說明 >

　　此為一有趣的問題。分解 216，96，144 任二個數的積當然可以，但也有立即可求出各邊長度的方法。

〜〜〜〜〜〜〜〜〜＜**解答**＞〜〜〜〜〜〜〜〜〜〜〜〜

左側長方形的面積為

$$AB \times AC = 216 \, (cm^2)$$

右側長方形的面積為

$$AC \times AD = 96 \, (cm^2)$$

兩個相乘為

$$(AB \times AC) \times (AC \times AD)$$
$$= 216 \times 96 = 20736$$

因此，由於上側的面積為 $AB \times AD = 144 \, cm^2$，以 144 去除 20736，應為

$$AC \times AC = 20736 \div 144 = 144 \, (cm^2)$$

因此，將 144 分解成相同兩數的乘積為 12×12。因此，AC 邊的長度為 $12 \, cm$，可以確定。如此一來，由於

$$\frac{AB \times AC}{AC} = \frac{216}{12} = 18$$

AB 邊的長度為 $18 \, cm$，還有，由於

$$\frac{AC \times AD}{AC} = \frac{96}{12} = 18$$

AD 邊的長度為 $8 \, cm$。

再者，將 216，96，144 三個相乘

$$(AB \times AC \times AD) \times (AB \times AC \times AD)$$
$$= 216 \times 96 \times 144 = 2985984 = 1728 \times 1728$$

接下來，

$$AB = \frac{AB \times AC \times AD}{AC \times AD} = \frac{1728}{96} = 18 \, (cm)$$

這樣雖然也可以，但計算很麻煩。

以正六角形ＡＢＣＤ
ＥＦ爲準，如右圖所示。
正三角形ＡＣＥ的面積是
正六角形ＡＢＣＤＥＦ的
幾分之幾？再者，劃斜線
部分的面積和，是正六角
形ＡＢＣＤＥＦ面積的幾
分之幾？

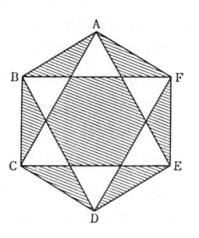

<說明>

　　求包含於正六角形中各種圖形的面積雖然也
可以，但應想更好的方法。圖形的問題，還是考
慮圖形是最好的。

～～～＜解答＞～～～

如右圖所示，從中間正
三角形切離外側的部分。將
外側三個部分合起來的話，
如下圖所示，爲相同大小正
三角形的逆向三角形。因此
，正三角形ＡＣＥ的面積爲
原本大正六角形面積的 $\frac{1}{2}$。

接下來，爲求出斜線部
分的面積和，首先將沒有劃
斜線部分的６個正三角形合
成一圖。這是一個正六角形
，和劃斜線正中央的小正六
角形大小一樣。再者，外側
的６個鈍角二等邊三角形，
也可像右圖一樣組合起來。
如此一來，原來的大正六角
形，可以分爲相同大小的三
個正六角形。之中有二個有
斜線，而一個沒有劃斜線，
因此斜線部分的面積和爲
原本大正方形的 $\frac{2}{3}$。

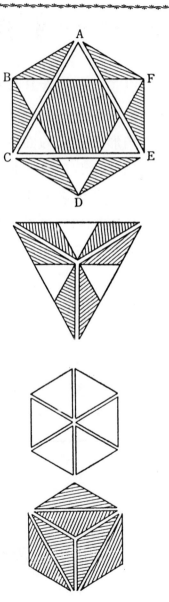

如下圖，將長方形分成四個小長方形，劃斜線作成一三角形。請求這個三角形的面積。

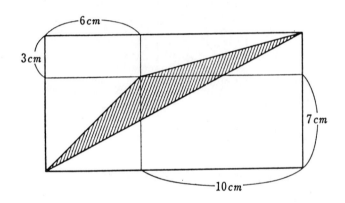

〈說明〉

　　直接求三角形的面積是很累人的。請想個新點子！

━━ <解答> ━━━━━━━━━━━━━━━━━━━━━━

　　計算右圖劃斜線部分各部的面積，然後再從整個長方形的面積減掉斜線部分的面積，則為所求的三角形的面積。

　　首先，A所示的右下三角形的面積，由於它是底邊長為16 *cm*，高為10*cm*的直角三角形，

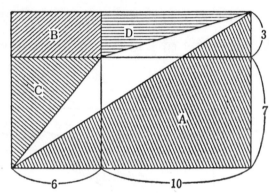

$$\frac{16 \times 10}{2} = 80 \ (cm^2)$$

相同的，以B所示的長方形的面積為

$$3 \times 6 = 18 \ (cm^2)$$

以C所示的直角三角形的面積為

$$\frac{6 \times 7}{2} = 21 \ (cm^2)$$

以D所示的直角三角形的面積為

$$\frac{10 \times 3}{2} = 15 \ (cm^2)$$

合計為

$$80 + 18 + 21 + 15 = 134 \ (cm^2)$$

白三角形部分的面積為

$$16 \times 10 - 134 = 26 \ (cm^2)$$

問題 20

兩條平行線與任意一條
直線相交，如右圖所示，相
向的兩對角不管何時都相等
。利用此性質，求出(a)和(b)
兩圖中的角度 x 。但是，最
上和最下的兩條直線為平行
線。　　　（想定問題）

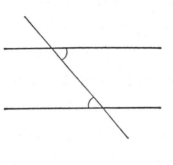

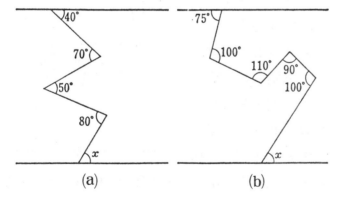

　　　(a)　　　　　　　　(b)

<說明>
　　這個問題表面上看來，似乎並不難，主要是
在在哪裏要利用及如何利用平行線的性質。

〰〰〰 <解答> 〰〰〰〰〰〰〰〰〰〰〰〰〰〰〰〰〰

關於(a)，A，B，C，D，E的五點如右圖所示。從B，C，D三點劃與上、下兩直線平行的點線。如此一來，由於平行線相向兩角相等的線故，點B的70°被分爲40°和30°，

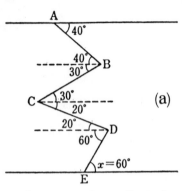

而點C的50°被分成30°和20°，點D的80°分成20°和60°因此點E的 x 就是60°了。

關於(b)，A，B，C，D，E，F六點如右圖所示，從B，C，D，E四點劃平行於上、下兩線的點線。如此一來，點B的100°被分成75°和25°，點C爲25°角，和110°角的

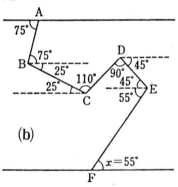

和爲135°。這個135°在點D分成90°和45°，而點E的100°分爲45°和55°。如此一來，點F的 x 爲55°。

再者，就(a)來說，由於從左至右相向角（點B的70°和點D的80°）的和和從右至左相向角（點A的40°和點C的50°和點E的60°）的和相等，從這層關係也可以求出 x 的角度。

問題 21

如右圖是將正方形的折紙ＡＢＣＤ對折，ＥＦ為折一半的中間線，折紙的兩個角Ａ和Ｂ相合所折出來的。圖中的 x 是幾度呢？

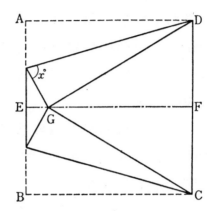

＜說明＞

如果不抓住問題的本質，這確是一個困難的問題。首先，請想想看三角形ＧＣＤ是何種形狀的三角形。

━━━ <解答> ━━━━━━━━━━━━━━━━━━━━━━━━

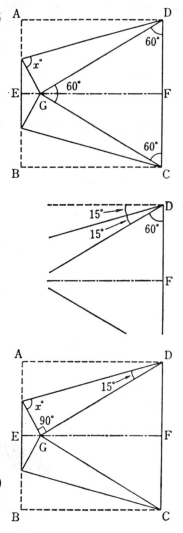

　　由於是將正方形的折紙反覆折，因此ＧＣ和ＧＤ任一邊都是折紙一邊的長度。因此，三角形ＧＣＤ為正三角形，如圖所示，三個角皆為60°。

　　由於折紙的四個角皆為90°，Ｄ處的三個角，就如右圖所示的值。在這裏，之所以有兩個15°角，是由於兩個完全相同的角對折的緣故。

　　因此，對於被反覆折的上側三角形來說，Ｄ角為15°，Ｇ為90°（折紙的角）。而三角形的內角和為180°，因此

$$x = 180 - (90 + 15)$$
$$= 75$$

　　x 的角度不是很容易就算出來了嗎？

問題 22

三角形 A B C 三邊 A B、B C、C A，如下圖所示，各自延伸兩倍後形成 1，2，3 三點。試問，三角形 1 2 3 的面積是三角形 A B C 的幾倍？但原本的三角形 A B C 為任意一三角形。

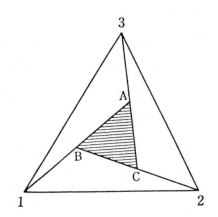

<說明>

　　如果不能找出解題之關鍵，是一個毫無頭緒的問題。無法找出關鍵的話，這確實是一道難題。

▀▀▀ ＜解答＞ ▀▀▀

從出題的圖中切掉一部分，試比較三角形ＡＢＣ和三角形３Ｃ２的面積。各自三角形的底邊為ＢＣ、Ｃ２，由於邊ＢＣ延伸兩倍的點為２，因此兩個底邊等長。再

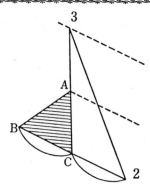

者，劃兩條平行於ＢＣ且通過Ａ，３的平行線（圖中的兩條點線），由於邊ＣＡ延伸兩倍的點為３，因此，通過３的直線為通過Ａ直線的２倍。如此一來，底邊的長度相等，高度為２倍，因此三角形３Ｃ２的面積為三角形ＡＢＣ面積的２倍。

以和這個相同的理由去想，可以知道三角形１Ａ３的面積和三角形２Ｂ１的面積也是三角形ＡＢＣ面積的２倍。如此一來，三角形１２３之中，除了原本的三角形ＡＢＣ之外，還包含了三個面積為三角形ＡＢＣ兩倍的三角形。因此，全體來說，是三角形ＡＢＣ面積的七倍（＝２×３＋１）。

這種問題，與其說是難問，不如說是名問。

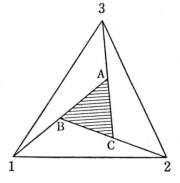

問題 23

　　如右圖，四角形Ａ
ＢＥＤ和四角形ＡＦＣ
Ｄ兩者皆爲平行四邊形
，ＡＦ和ＤＥ相交爲直
角。ＡＤ、ＤＧ、ＧＡ

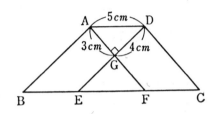

的長度各自爲5 cm、4

cm、3 cm，平行四邊形ＡＢＥＤ的面積爲36 cm^2。四
角形ＡＢＣＤ和三角形ＧＥＦ的周長各自爲多少呢？
還有，這個四角形和三角形的面積各自爲多少？

　　＜說明＞
　　　ＡＤ和ＢＣ雖然相互平行，但如果過份執著
於這一點上，就會變得相當困難。請也往別的方
向去思考。

~~~~~ ＜解答＞ ~~~~~~~~~~~~~~~~~~~~~~~~~

平行四邊形ＡＢＥＤ的底邊如果爲ＤＥ，高度則爲ＡＧ。由於此面積爲 $36\,cm^2$ ，ＤＥ的長度爲 $12\,cm$ ，ＡＢ的長度也爲 $12\,cm$ 。再者，如

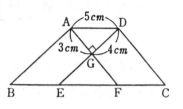

果二個平行四邊形ＡＢＥＤ和ＡＦＣＤ的底邊皆爲ＡＤ的話，那高度也相等。因此，平行四邊形ＡＦＣＤ的面積也是 $36\,cm^2$ ，ＡＦ和ＤＣ皆爲 $9\,cm$（＝$36\div4$）。

接下來，如果將三角形ＧＤＡ和三角形ＧＥＦ比較的話，由於三個內角都各自相等，因此爲同形的相似形。由於ＧＦ爲 $6\,cm$（＝$9-3$），ＥＦ爲ＡＤ的2倍 $10\,cm$。如此一來，四角形ＡＢＣＤ的周長爲：

$$AB+BC+CD+DA=12+(5+10+5)+9+5=46(cm)$$

三角形ＧＥＦ的周長爲：

$$GE+EF+GF=(12-4)+10+6=24(cm)$$

還有，三角形ＧＥＦ的面積爲：

$$\frac{GE\times GF}{2}=\frac{8\times6}{2}=24(cm^2)$$

三角形ＡＧＤ的面積爲：

$$\frac{AG\times GD}{2}=\frac{3\times4}{2}=6(cm^2)$$

四角形ＡＢＣＤ的面積爲：

$$36+24+(36-6)=90(cm^2)$$

問題 24

如右圖，立方體的一個頂點P，集中在此點的三邊中點為A、B、C，三角錐PABC是從這個立方體中切下的錐體。像這樣的三角錐，如果從不同的頂點切落，那所形成的立體的頂點和邊各自有幾個呢？再者，是怎樣的面各自有幾個呢？

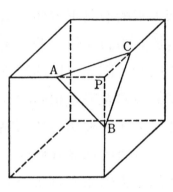

<說明>

　　如果去設想立方體的各面究竟是何種形的話，大致就解決了問題。

～～～＜解答＞～～～

如果考慮立方體的一個面，
如右圖所示，由於被切落，因此
留下來的面爲正方形。這件事，
對於立方體任何一個面來說都是
相同的，因此，切落的三角錐立
體的各邊是完全相同的長度。如
此一來，在被切落的頂點處就形成一正三角形，而原
本立方體的面處就形成一正方形。從以上可知，新形
成的立方體如右圖所示。

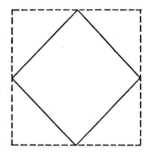

接下來，這個立體的頂
點，在原本的立方體的上面
和下面各有 4 個，側面四個
邊的正中各有 1 個，合計共
有12個。還有，這個立體的
邊，在原本立體的各面各有
4 條，合計共有 24 條（＝4×6）。

關於這個立體的面方面，切落的頂點在 8 個地方
各形成一個正三角形，在立方體各面剩下的部位，各
形成一個正方形，因此變成 8 個正三角形和 6 個正方
形。

再者，這個立體被稱爲阿基米德之準正多面體。

問題 25

如右圖所示有一直
角三角形ABC。通過點
P的三條直線，和三角
形 ABC 的三邊平行。
AD：DE：EC＝3：4：2
時，求出劃斜線的三個
三角形的面積和。

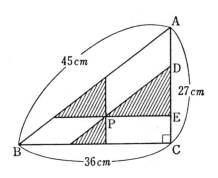

$45cm$

$27cm$

$36cm$

<說明>

即使是形狀相同，大小不一樣的相似三角形
也有好幾個。如果能求出他們之間長度的關係，
就能解題了。

＜解答＞

4點F、G、H、I
如右圖所示，斜線的三
個三角形任何一個都和
三角形ＡＢＣ相似。因
此

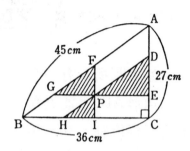

$$\frac{DE}{PE}=\frac{PI}{HI}=\frac{FP}{GP}=\frac{AC}{BC}=\frac{27}{36}=\frac{3}{4}$$

再者，由於

$$AD : DE : EC = 3 : 4 : 2$$

$$AD + DE + EC = 27(cm)$$

因此，$AD = 9\,cm$，$DE = 12\,cm$，$EC = 6\,cm$。再者，由於
ＥＰＩＣ爲長方形，ＡＦＰＤ爲平行四邊形，

$$PI = EC = 6(cm)$$

$$FP = AD = 9(cm)$$

接下來，

$$PE = DE \times \frac{4}{3} = 12 \times \frac{4}{3} = 16(cm)$$

$$HI = PI \times \frac{4}{3} = 6 \times \frac{4}{3} = 8(cm)$$

$$GP = EP \times \frac{4}{3} = 9 \times \frac{4}{3} = 12(cm)$$

斜線的三個三角形面積和爲

$$\frac{16 \times 12}{2} + \frac{8 \times 6}{2} + \frac{12 \times 9}{2} = 174(cm^2)$$

問題 26

　　有二個大小不同的正方形A，B。如下面左圖所示，B的對角線的交點和A的一個頂點重疊的部分，其面積為A的面積的 $\frac{1}{9}$，請將A和B邊長的比以簡單的整數表示出來。再者，如下右圖所示，如果A和B相反地重疊的話，重複部分的面積是B的幾分之幾呢？

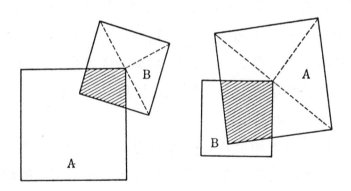

＜說明＞

　　如果僅考慮B對角線的交點與A的1個頂點重疊的話，並不能決定具體的重疊方式。

<解答>

以正方形Ｂ爲中心，如果將全體稍爲擴大，如右圖所示。這時，由於Ａ和Ｂ皆爲正方形，因此劃有斜線的二個三角形，是以Ｂ的對角線的交點爲中心僅回轉90°的情況。如

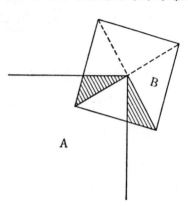

此一來，Ａ和Ｂ重疊部分的面積，限於Ｂ的對角線的交點和Ａ的一個頂點重疊時，不論何時爲Ｂ面積的 $\frac{1}{4}$ 。如此一來，Ａ面積的 $\frac{1}{9}$ 和Ｂ面積的 $\frac{1}{4}$ 相等，所以Ａ和Ｂ面積的比爲9：4。這個如果改成邊長比的話，由於兩者皆爲正方形，因此邊長比爲：

　　3：2

接下來，如果Ａ對角線的交點在Ｂ的1個頂點重疊的話，重疊部分的面積，和前面的完全相同的理由，爲Ａ面積的 $\frac{1}{4}$ 。因此，由於Ｂ的面積爲Ａ面積的 $\frac{4}{9}$ ，因此重疊部分的面積爲Ｂ面積的

$$\frac{1}{4} \div \frac{4}{9} = \frac{9}{16}$$

這個問題一看好像蠻曖昧不明的，但一解就迎刃而解了，是這個問題高明之處。

問題 27

右圖的四角形 ABCD 為 A 和 B 處的內角為直角梯形。E 為 CD 邊的中點，直線 PE 將梯形 ABCD 的面積劃分成二等分。3 邊 AD、AB、BC 的長度各自為 10 *cm*、20 *cm*、36 *cm* 時，PB 的長度為多少呢？

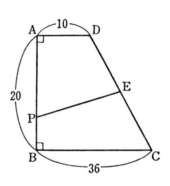

<說明>

　將梯形的面積劃分成 2 等分應該如何思考呢？如果下手解題的話，就彷彿進入迷宮中一樣。

~~~~ **〈解答〉**~~~~

　　取 A B 邊的中央點為 F，將 E 和 F 如右圖一樣以點線相連。如此一來，由於 E、F 各自為邊 D C、A B 的中點，F E 的長度為 A D 邊和 B C 邊長度的平均

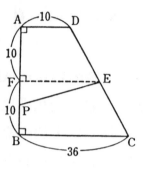

$$FE = \frac{10+36}{2} = 23(cm)$$

再者，由於 A D 邊和 F E 邊平行，因此梯形 A F E D 的面積：

$$\frac{(AD+FE) \times AF}{2} = \frac{(10+23) \times 10}{2} = 165(cm^2)$$

另一方面，原本梯形 ABCD 的面積為

$$\frac{(AD+BC) \times AB}{2} = \frac{(10+36) \times 20}{2} = 460(cm^2)$$

這個的一半面積為 $230\,cm^2$（＝$460 \div 2$）。接下來，三角形 E F P 的面積為：

$$230 - 165 = 65(cm^2)$$

如果 P 的位置決定了就更好了，

$$\frac{FP \times EF}{2} = \frac{FP \times 23}{2} = 65$$

$$FP = \frac{65 \times 2}{23} = 5\frac{15}{23}(cm)$$

因此，P B 的長度為 $4\frac{8}{23}\,cm$。

問題 28

將圓的直徑ＡＢ 10 等分

　　ＡＣ＝1，ＣＤ＝2，ＤＥ＝3，ＥＢ＝4

取Ｃ、Ｄ、Ｅ三點。以Ａ
Ｃ、ＡＤ、ＡＥ為直徑在
ＡＢ的上側劃半圓，以
ＢＣ、ＢＤ、ＢＥ為直徑在
ＡＢ的下側劃半圓。如
右圖所示劃斜線的部分
Ｒ、Ｓ，其面積的比為
多少？

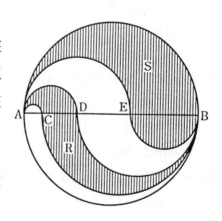

<說明>

　　這題是自古以來有名問題的變形。這雖然是
非常複雜的二個圓形的比較，但其面積比卻意外
地簡單！

～＜解答＞～

圓的面積雖然是以

圓的面積＝半徑×半徑×圓周率

來計算，但在這裏由於祇考慮面積比，因此可省略乘以圓周率，半徑×半徑也一樣。因此，我們省略乘上圓周率的部分。

為便計算容易一些，假定 AC 的長度為 2 的話，AD 的長度則為 6，AB 上側某 R 的面積為：

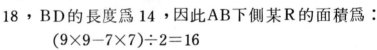

$$(3×3－1×1)÷2＝4$$

再者，由於 BC 的長度為 18，BD 的長度為 14，因此 AB 下側某 R 的面積為：

$$(9×9－7×7)÷2＝16$$

如此一來，R 的總面積為 20（＝4＋16）。

接下來，由於 AB 的長度為 20，AE 的長度為12，因此 AB 上側某 S 的面積：

$$(10×10－6×6)÷2＝32$$

再者，由於 EB 的長度為 8，AB 下側某 S 的面積：

$$4×4÷2＝8$$

如此一來，S 的總面積為 40（＝32＋8）。

R 的面積為 20，S 的面積為 40，他們的比為：

$$20÷40＝1：2$$

這實在是令人驚訝的再簡單不過的比了。

問題 29

右圖的四角形ＡＢＣＤ爲１邊長度是 5*cm* 的正方形。劃一通過點Ｅ的直線，如果將斜線部分的面積兩等分的話，其直線在ＢＣ邊上距離頂點Ｂ處幾公分處呢？

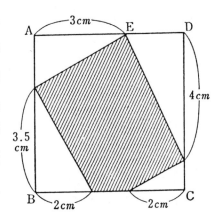

＜說明＞

看起來雖然很難，其實很簡單。儘管如此，先求斜線部分的面積方爲先決條件。

〜〜〜〜＜解答〉〜〜〜〜〜〜〜〜〜〜〜〜〜〜〜

這個正方形的面積爲

$$5 \times 5 = 25 \ (cm^2)$$

再者，除去斜線部分 4 個直角三角形的面積，各自爲左下角＝$3.5 cm^2$。左上角＝$2.25 cm^2$，右上角＝$4 cm^2$，右下角＝$1 cm^2$。所以，斜線部分的面積：

$$25 - (3.5 + 2.25 + 4 + 1) = 14.25 (cm^2)$$

其一半面積爲：

$$14.25 \div 2 = 7.125 (cm^2)$$

在這裏，如右圖所示，在 BC 邊上距離頂點 B $2 cm$ 的點爲 F 的話，梯形 ABFE 的面積：

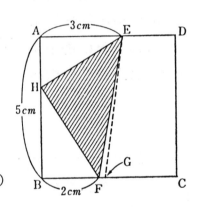

$$\frac{(3+2) \times 5}{2} = 12.5 (cm^2)$$

因此，三角形 EHF 的面積爲：

$$12.5 - (3.5 + 2.25) = 6.75 (cm^2)$$

斜線部分的面積的一半比 $7.125 \ cm^2$ 僅少了 $0.375 cm^2$（$= 7.125 - 6.75$）。因此，三角形 EFG 的面積如果爲 $0.375 cm^2$，直線 EG 就將斜線部分的面積二等分了。由於三角形 EFG 的高度爲 $5 cm$。

$$FG = (0.375 \div 5) \times 2 = 0.15 cm$$

距離頂點 B 的距離爲 $2.15 cm$（$= 2 + 0.15$）。

問題 30

　　將橫的長度爲 8 cm 的平行四邊形沿著對角線如下所示的折法。如此一來，劃斜線ⓐ的三角行面積爲原本平行四邊形面積的 $\frac{1}{5}$。求出圖中 x 是幾公分？

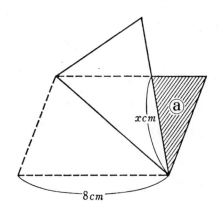

xcm

ⓐ

8cm

＜說明＞

　　要找出問題的重點在哪兒。有必要將折疊的內容好好考慮一番。

〰〰 ＜解答＞ 〰〰〰〰〰〰〰〰〰〰〰〰〰〰

　　將平行四邊形以對
角線劃開的話，如右圖
所示，可得到相同形狀
的二個三角形。因此，
平行四邊形如果在對角
線折疊的話，左右被翻過
來就有二個相同的三角形
。這個全體的圖形，當對
角線在水平的位置時，左
右是對稱的。因此，如果
圖一方的長度為 x cm 的話
，另外一邊也為 x cm。因
此，ⓐ三角形的底邊是 8
— x cm。

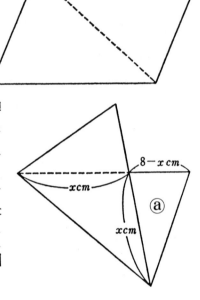

　　ⓐ三角形的高度，由於和原平行四邊形的高度相
同，因此面積為平行四邊形的 $\frac{1}{5}$。8 — x 的長度為：

$$(8 \times 2) \times \frac{1}{5} = \frac{16}{5} \ (cm)$$

所以 x 為

$$8 - \frac{16}{5} = 4\frac{4}{5} = 4.8 \ (cm)$$

在這個問題中，思考圖形折疊的意義非常重要。

問題 31

如下圖所示有一梯形。ＡＤ和ＢＣ同時與ＡＢ垂直。

ＡＤ＝ＡＢ＝3 *cm*

ＢＣ＝7 *cm*，ＣＤ＝5 *cm*

現在，在ＣＤ上取一點Ｅ，以直線ＢＥ將梯形的面積2等分。請問這時ＣＥ的長度是幾公分呢？

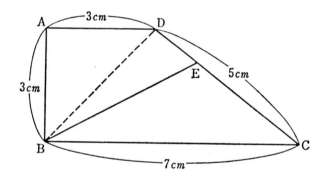

<說明>

　　即使是小學生，也知道求三角形或梯形面積的方法。但是，對於高級的定理是一無所知的。

━━━━<解答>━━━━━━━━━━━━━━━━━━━━━━━

　　梯形的面積爲上底加下底乘以高除以 2 ，因此，

$$梯形ABCD的面積 = \frac{(3+7)\times 3}{2} = 15\,(cm^2)$$

這個一半爲 $7.5\,cm^2$（$=15\div 2$），因此，三角形ＢＣＥ的面積如果爲 $7.5\,cm^2$ 的話就可以了。因此，首先應求出三角形ＢＣＤ的面積。

　　三角形ＡＢＤ的面積爲

$$\frac{3\times 3}{2} = 4.5\,(cm^2)$$

　　三角形ＢＣＤ的面積＝ $15 - 4.5 = 10.5\,(cm^2)$
因此，如果三角形ＢＣＥ的面積爲 $7.5\,cm^2$ 的話，三角形ＢＥＤ的面積爲 $3.0\,cm^2$（$=10.5 - 7.5$）。

　　現在，如果是在三角形ＢＣＥ的底邊爲ＣＥ，而三角形ＢＥＤ的底邊爲ＥＤ的話，他們的高皆不得而知。

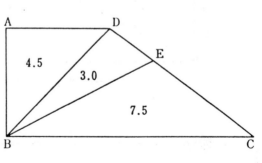

所以，將三角形ＢＣＤ的面積分成 7.5 ： 3.0 的話，將 $5\,cm$ 長度的底邊分成 7.5 ： 3.0 是相同的。如此一來，

$$ＣＥ的長度 = 5 \times \frac{7.5}{7.5 + 3.0} = 3\frac{4}{7}\,(cm)$$

問題 32

如下圖，在長方形ＡＢＣＤ的ＣＤ邊和ＢＣ邊上各有點Ｐ、點Ｑ，

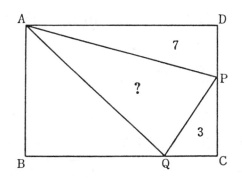

DP：PC＝2：3

三角形ＡＰＤ的面積爲 $7cm^2$，三角形 ＰＱＣ 的面積爲 $3cm^2$ 時，三角形ＡＰＱ的面積爲多少？

<說明>

首先，考慮求出三角形 ＡＢＱ 的面積。但首先有必要弄清邊ＢＱ和邊ＱＣ的關係。

━━━━ <解答> ━━━━━━━━━━━━━━━━━━━━━━

由於知道DP、PC兩邊的比，因此試假設他們的長度爲 $2cm$、$3cm$。如此一來，由於三角形 APD 的面積爲 $7cm^2$，

$$\frac{AD \times DP}{2} = \frac{AD \times 2}{2} = 7$$

AD邊的長度爲 $7cm$。再者，由於三角形 PQC 的面積爲 $3cm^2$

$$\frac{QC \times CP}{2} = \frac{QC \times 3}{2} = 3$$

QC邊的長度爲 $2cm$。如此一來，邊 BQ 的長度爲 $5cm$，各部的長度如下圖所定。這個值雖然是 DP 和 PC 各自爲 $2cm$，$3cm$ 時，但即使爲別的值，也僅改變縱和橫的比率而已，對面積並無影響。

因此，三角形 A BQ的面積爲

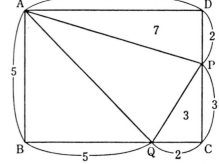

$$\frac{AB \times BQ}{2} = \frac{5 \times 5}{2} = 12.5 \ (cm^2)$$

長方形 ABCD的面積爲

$$AB \times AD = 5 \times 7 = 35 \ (cm^2)$$

因此三角形 APQ 的面積是：

$$35 - (7 + 3 + 12.5) = 12.5 \ (cm^2)$$

問題 33

有一如下圖所示的長方形ABCD。E、F、G為AB邊將之四等分的點，將C、D和F、G各自連結起來，如圖作成1，2，3，4，5五個三角形。將這五個三角形的面積比以最簡單的整數表示出來。

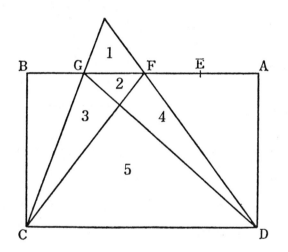

<說明>

即便大小不一，形狀相同的三角形也有幾個，把著眼點放在這裏非常重要。開始時，如不策立計劃的話，是不可能成功的。

＊＊＊＜解答＞＊＊＊

　　為了深入內容，我們花3頁來說明。首先，如右圖所示，取出二個三角形2和5。這兩個三角形，由於BA邊和CD邊互相平行，即使大小不同，但為形狀相同的相似形。因此，對應2邊的長度比就相同，如果FC和GD的交點為I的話，

$$\frac{FI}{IC}=\frac{GI}{ID}=\frac{GF}{CD}=\frac{1}{4}$$

如此一來，

$$IC=FI\times4$$
$$ID=GI\times4$$

因此，如果這兩個三角形的底邊為GF、CD的話，由於高度也當然為4倍，因此面積為16倍。現在，2的三角形面積如②一樣寫下來的話，也可以寫成：

$$⑤＝②\times16$$

　　接下來，取出2個三角形2和3。為了要求出他們的面積，如果底邊各自是FI、IC的話，高度兩者皆相同。因此，2和3的面積和底邊FI、IC的長度成比例，

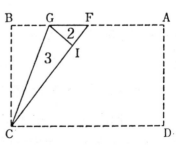

$$IC = FI \times 4$$

如果注意這個關係的話，

$$③ = ② \times 4$$

相同地，接下來，取出2個
三角形2和4。這次，如果
底邊各自為GI、ID的話，
高度皆相同。再者，在底邊
GI、ID之間由於有

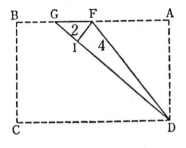

$$ID = GI \times 4$$

的關係。因此，

$$④ = ② \times 4$$

接下來，如右圖，考慮
梯形GCDF的面積，這個由
於是加上2，3，4，5，四個
三角形，因此很簡單。從已
經知道的結果，利用是②的
幾倍來計算，

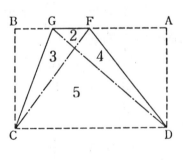

$$\text{梯形 GCDF 的面積} \begin{cases} = ② + ③ + ④ + ⑤ \\ = ② + ② \times 4 + ② \times 4 + ② \times 16 \\ = ② \times 25 \end{cases}$$

最後，為了知道①和②三角形的關係，例設GC
和FD的交點為H，2個三角形HGF和HCD如下頁

的圖所示被取出。如此一來
，由於ＢＡ和ＣＤ相互平行
，因此二個三角形也是相似
形。由於ＣＤ邊爲ＧＦ邊的
４倍，和②和④三角形比時
相同，三角形ＨＣＤ的面積
＝①×16。因此，由於三角

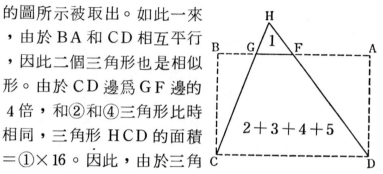

形ＨＣＤ爲三角形①和梯形ＧＣＤＦ加起來的三角形。
因此，

$$梯形ＧＣＤＦ的面積＝①×15$$

如此一來，由於梯形ＧＣＤＦ的面積爲②的 25 倍，所
以，１的面積爲

$$①＝②× \frac{25}{15} ＝②× \frac{5}{3}$$

歸結以上的結果，

$$⑤＝②× 16$$
$$③＝②× 4$$
$$④＝②× 4$$
$$①＝②× \frac{5}{3}$$

因此，１，２，３，４，５，五個三角形的面積比爲：

$$\frac{5}{3} : 1 : 4 : 4 : 16$$

所有的都乘 3 倍，得：

$$5 : 3 : 12 : 12 : 48$$

思考的方式雖然不難，但計算卻相當麻煩。

問題 34

ＡＢ＝5*cm*、ＢＤ＝8*cm*的菱形 ABCD 和 PQ＝3*cm*、ＰＳ＝4*cm*的長方形 PQRS 如下圖所示地重疊。

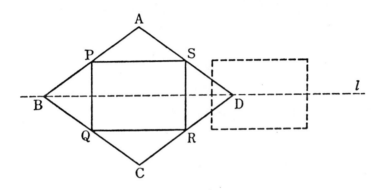

現在，菱形維持不動，而長方形沿著直線 l，僅向右移動 5 *cm*。長方形和菱形重疊部分的面積是多少呢？

＜說明＞

必須先求出菱形縱對角線 AC 的長度。重疊部分的三角形接下再確定。

~~~~~<解答>~~~~~~~~~~~~~~~~~~~~~~~

長方形的橫邊 P S 的長度為 4 cm，菱形橫對角線 B D 的長度為 8 cm，因此這個對角線的長度為長方形橫邊的 2 倍。因此，菱形縱對角線 A C 的長度也為長方形縱邊 P Q 長度的 2 倍。如此一來，A C 的長度為 6 cm（＝3×2）

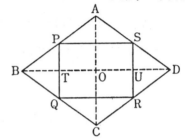

菱形兩條對角線的交點 O 是菱形和長方形兩方的中心。因此，如果對角線 B D 和長方形的 2 邊 P Q、S R 的交點各自為 T、U 的話，

$$TO＝OU＝UD＝2 \ (cm)$$

因此，如果將長方形 PQRS 向右移動 5 cm 的話，點 T 剛好在點 U 和點 D 的正中央。

現在，向右移動 5 cm 的長方形為 P′Q′R′S′的話，將重疊的部分擴大，如右圖所示。如此一來，重疊的三角形 D E F 和三角形 D A C 為相似形，其半分的三角形 D E T′ 和三角形 D A O 也為相似形。因此，雖然

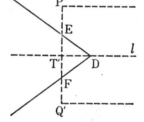

$$DT′：EF＝DO：AC$$

但由於 DT′＝1 cm，DO＝4 cm，AC＝6 cm，EF 為 1.5 cm。如此一來，

$$重疊部分的面積＝\frac{DT′×EF}{2}＝\frac{1×1.5}{2}＝0.75 \ (cm^2)$$

有一 3 邊長為 3 *cm*、 4 *cm*、 5 *cm* 的直角三角形 A B C。在這個三角形的底邊 B C 上，以距離 B 點 3 *cm* 的點 P 為中心，以三角形當成時鐘的針在相反方向作一回轉 90° 的三角形 D E F。試求出 2 個直角三角形 A B C 和 D E F 重疊部分（劃斜線部位）的面積。

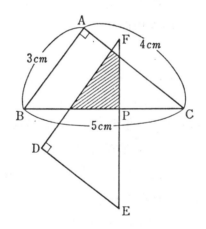

<說明>

　　這是個相當難的問題，即使解題的話，或許即使高中生也解不出來。

〰〰 <解答>〰〰〰〰〰〰〰〰〰〰〰〰〰〰〰

由於這個問題稍爲深入些，因此我們用 3 頁來說明。如圖所示，邊 BC 和邊 DF 的交點爲 Q，邊 AC 和邊 EF 的交點爲 R，邊 AC 和邊 DF 的交點爲 S。因此，所欲求的東西，就是從三角形 FQP 的面積減去三角形 FSR 的面積。

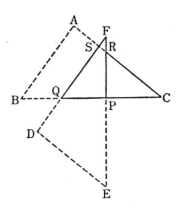

因此，首先考慮三角形 FQP。這個三角形由於是將三角形 CRP 回轉 90° 的三角形，因此，

QP＝RP，FP＝PC

由於 PC 的長度爲 $2cm(＝5－3)$，FP 的長度也是 2 cm。爲求 RP 的長度，要考慮三角形 ABC 和三角形 PRC。由於這 2 個三角形的 3 個內角各自相同，即使大小不同，也爲相同形狀的相似形。因此，

AB：AC＝PR：PC

由於邊 AB 和邊 AC 和邊 PC 的長度皆爲已知，將這些值帶入的話，

3：4＝PR：2

因此，

$$PR＝\frac{3×2}{4}＝1.5\,(cm)。$$

如此一來，邊 QP 的長度也爲 1.5 cm。

三角形ＦＱＰ為直角三角形，由於我們知道直角的兩邊ＱＰ、ＦＰ的長度，所以其面積為：

$$三角形ＦＱＰ的面積 = \frac{QP \times FP}{2} = \frac{1.5 \times 2}{2}$$

$$= 1.5 \ (cm^2)$$

因此，一方的三角形面積求出來了。

接下來，要求三角形ＳＲＦ的面積。為求此，最重要的是弄清三角形ＳＲＦ和三角形ＰＱＦ的關係。Ｆ處的內角，由於是共通的，因此相同。再者，三角形ＤＥＦ由於是將三角形ＡＢＣ回轉90°的三角形，因此邊ＡＣ和邊ＤＦ相互垂直。如此一來，三角形ＳＲＦ的Ｓ內角和三角形ＰＱＦ的Ｐ內角皆為直角。因此，因為三角形的三內角為180°，而3個內角又各自相同，因此這2個三角形是相似形。

因此，可以得到三角形的3邊比相等的關係。

ＰＱ：ＱＦ：ＦＰ＝ＳＲ：ＲＦ：ＦＳ

因此，3邊ＰＱ、ＱＦ、ＦＰ的長度各自為1.5cm、2.5cm、2cm，再者邊ＲＦ的長度為：

ＲＦ＝ＦＰ－ＲＰ

$$= 2 - 1.5 = 0.5 \ (cm)$$

將這個值代入

1.5：2.5：2＝ＳＲ：0.5：ＦＳ

如此一來，對於ＳＲ

1.5：2.5＝ＳＲ：0.5

$$SR = \frac{1.5 \times 0.5}{2.5} = 0.3 \ (cm)$$

對於 FS，

$$2.5 : 2 = 0.5 : FS$$

$$FS = \frac{2 \times 0.5}{2.5} = 0.4 \ (cm)$$

SR 和 FS 為直角的 2 邊，因此三角形 SRF 的面積為

$$三角形 SRF 的面積 = \frac{0.3 \times 0.4}{2} = 0.06 \ (cm^2)$$

因此，所求的四角形的面積：

$$四角形 PRSQ 的面積 = 1.5 - 0.06 = 1.44 \ (cm^2)$$

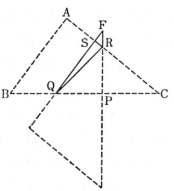

對於上面的解題方法，有關 2 邊 SR、RF 之間的關係，也有相當有趣的見解。連結 R 和 Q，求出三角形 FRQ 的面積就有 2 個方法。如果這個三角形 FRQ 的底邊為 FQ，則高度為 RS。因此，面積為

$$\frac{FQ \times RS}{2} = \frac{2.5 \times 0.3}{2} = 0.375 \ (cm^2)$$

另一方面，底邊如果是 FR 的話，高度為 QP。因此，面積為

$$\frac{FR \times QP}{2} = \frac{0.5 \times 1.5}{2} = 0.375 \ (cm^2)$$

這兩個值確實是一致的。

問題 36

如右圖所示，有一
直角二等邊三角形ＡＢ
Ｃ。Ａ的內角爲直角，
ＡＢ和ＡＣ兩邊長皆爲
$12cm$。ＢＤ的長度是斜
邊ＢＣ長度的 $\frac{1}{3}$，①的
四角形和②的三角形的
面積比爲３：２時，取
點Ｅ。這時，ＡＥ的長
度是多少呢？

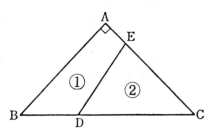

┌─＜**說明**＞─────────────────┐

　　這是相當困難的問題。由於就這樣解的話解
不開，因此必須在某處作補助線。因爲小學生不
懂任何高級定理的緣故。

└──────────────────────────┘

〰〰〰 ＜解答＞ 〰〰〰〰〰〰〰〰〰〰〰〰〰〰〰〰〰

　　如右圖所示，將 B 和 E
以點線相連接，四角形 A B
D E 被分成三角形 A B E 和
三角形 E B D。在這個圖中
，將三角形 A B E 當成④，

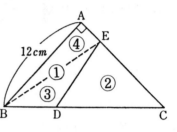

三角形 E B D 當成③。原來的三角形 A B C 由於是直
角二等邊三角形，這個面積為 $72 cm^2$（＝12×12÷2）
。因此，由於①和②的面積比為 3：2，各自的面積
為：

$$①的面積 = 72 \times \frac{3}{3+2} = 43.2 \ (cm^2)$$

$$②的面積 = 72 \times \frac{2}{3+2} = 28.8 \ (cm^2)$$

在這裡，將三角形 E B D 和三角形 E D C 相比較的話，
由於底邊的長度為 1：2，面積也是 1：2，

　　　③的面積＝28.8÷2＝14.4 (cm^2)
如此一來，由於③和②相加為①，因此，

　　　②的面積＝43.2－14.4＝28.8 (cm^2)
所以，如果這個三角形的底邊為 A E 的話，高度為 A
B。因此

$$②的面積 = \frac{AE \times AB}{2} = \frac{AE \times 12}{2} = AE \times 6$$

$$AE = \frac{28.8}{6} = 4.8 \ (cm)$$

問題 37

隨便劃一個三角形，從 3 個頂點，將相對邊分成 2：1 的 3 條直線如右圖所示。以斜線所示內部的小三角形的面積是原來三角形面積的幾分之幾呢？

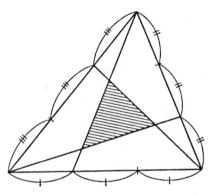

<說明>

這是個相當難的問題，不用說是中學生，即使高中生或許也無法解答。但是，如果想到好方法，即便連小學生也能解題。

~~~~ <解答> ~~~~~~~~~~~~~~~~~~~~~~~~

劃斜線內部的小三角形
的 3 個頂點和原本大三角
形的 3 個頂點由於為各自的點
，因此劃平行於內部小三角
形三邊的平行線，作成如圖
所示的六角形。如此一來，

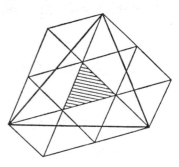

在這個六角形中，和以斜線所示的三角形完全相同形
狀者，有 12 個。

現在，如右圖所示，這
個六角形被切分為一個斜線
的三角形和外側的 3 個平行
四邊形。因此，不管對於任
何平行四邊形，原本大三角
形的內部部分和外側部分，

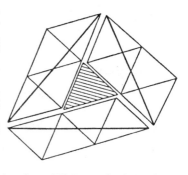

都各自由相同形狀的三角形組成。因此，在包圍斜線
三角形的12個三角形中，進入原本大三角形內部的三
角形，以面積來考慮的話有 6 個。如此一來，在原本
的大三角形中，加上斜線三角形，就有 7 個了。因此
，斜線三角形的面積是原本大三角形面積的 $\frac{1}{7}$。

這裏的說明雖然很古老，但完全是最貼切而且最
好的說明方式。

第三章
數的應用問題

難解數學破題

問題 38

　　在某國道上，每隔 $2.2\,km$ 就有信號。這些信號是青色的 2 分、黃色的 5 秒、紅色的 40 秒，並且同時點滅。現在，因紅色信號停下來的汽車，青色信號之後馬上出發。這個汽車在通過之後的所有青色信號時，要以時速多少 km 行駛最好呢？而且，如果以時速 40 km 行駛的話，在黃信號或紅信號停車時是第幾號信號呢？也求出這時等候的時間。

<說明>

　　通過所有綠燈時的時速，可以憑著靈機一動就求得解答。但是，在計算以時速 $40\,km$ 行駛時，小心的計算是必要的。

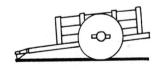

~~~~~ <解答> ~~~~~

　　由於綠燈 2 分、黃燈 5 秒、紅燈 40 秒，因此各個信號每

　　　2 分＋5 秒＋40 秒＝2 分 45 秒

重複一次。因此，其間如果行駛 2.2 km 的話，如果最初是綠燈，那不論何時都能在綠燈時通過。也就是說，由於以 2 分 45 秒行駛 2.2 km，所以把 2 分 45 秒換算成小時的話

$$\left(2+\frac{45}{60}\right)\times\frac{1}{60}=\frac{11}{240}\,(小時)$$

所以，時速為：

$$2.2\div\frac{11}{240}=48\,(km)$$

　　如果以時速 40 km 行駛的話，行駛 2.2 km 要花：

$$\frac{2.2}{40}\times60=3.3\,(分)$$

換算成秒的話為 198 秒。另一方面，由於信號是

$$2\frac{45}{60}\times60=165\,(秒)$$

每 165 秒重複一次，因此每通過一個信號燈，綠燈之中，每 33 秒（＝198－165）就重複一次。由於綠燈是 120 秒（2 分），所以，

　　　120－33×4＝－12（秒）

在第 4 個信號燈，黃燈之後 12 秒到達。由於黃燈為 5 秒，紅燈是 40 秒，所以這是在紅燈之後 7 秒後。如此一來，在第 4 個信號燈時，這輛汽車僅需再等 33 秒（＝40－7）。

問題 39

舉行國語、社會、理科和數學的考試。某個學生的國語和社會的平均成績78分,社會和理科的平均分數為71分,而理科和數學的平均分數是65分,請問4個科目所有的平均成績為多少?再者,國語和數學的平均分數是多少?

<說明>

這並不是個很難的問題。所謂平均是關於什麼,請好好思考其內容。

~~~~ ＜解答＞ ~~~~

　　國語和社會的平均分數爲78分，所以總分爲：

　　　　（國）＋（社）＝78×2＝156（分）

再者，理科和數學的平均分數爲65分，所以這兩科的總分爲：

　　　　（理）＋（數）＝65×2＝130（分）

接下來，4個科目的總分爲：

　　　　4個科目的總分＝156＋130＝286（分）

　4個科目所有的平均分數是：

$$4科目的平均分數＝\frac{286}{4}＝71.5（分）$$

祇是，這個分數，這樣算也可以，

$$\frac{78＋65}{2}＝71.5$$

接下來，由於社會和理科的平均分數是71分，這兩個科目的總分是：

　　　　（社）＋（理）＝71×2＝142（分）

如此一來，由於4個科目的總分爲286分，所以國語和數學的總分爲：

　　　　（國）＋（數）＝286－142＝144（分）

所以，這兩個科目的平均分數爲：

$$（國）和（數）的平均分數＝\frac{144}{2}＝72（分）$$

　　雖然不知道各別的分數，但利用平均分數來求答案也饒有趣味。

問題 40

凌晨 0 時到正午之間，時鐘的長針和短針重疊幾次呢？但是不包含凌晨 0 時和正午。再者，將這些所有重疊的時間加起來，合計爲多少？

<說明>

如果一一計算長針和短針重疊的時刻，計算的步驟非常累人。要是能想到好的方法，所有重疊的時刻就能迎刃而解了。

在凌晨 0 時到 1 時的 1 小時裏，除了凌晨 0 時之外，長針和短針並不重疊。那是因為長針是以短針的 12 倍速度（＝60÷5）前進之故。但是，在凌晨 1 時到 2 時之間，由於最初是長針跟在短針之後，因此短針祇有一次趕上。這種追上的重疊，在凌晨 2 時到凌晨 3 時的 1 小時裏，凌晨 3 時到凌晨 4 時的 1 小時中，及其後每一個小時間都相同。祇是，趕上的時間稍微晚了一些，在上午11時到正午之間的 1 個小時間，在最後的正午時，長針和短針才又重疊。如此一來，除了凌晨 0 時和正午之外，長針和短針重疊者，有凌晨 1 時、2 時、3 時、4 時、5 時、6 時、7 時、8 時、9 時、10 時每 1 小時 1 次，合計共有 10 次。

為求長針和短針重疊的時刻，求出從凌晨 0 時到正午之間，長針和短針重疊幾次是最重要的。如果最初以凌晨 0 時為出發點的話，到正午為止的12個小時間就重疊了11次。而且，從長針和短針重疊的時刻到下一個長針和短針重疊的時刻，應該都相同。所以，每

$$\frac{12}{11} \text{（小時）}$$

長針和短針就會重疊，合計為：

$$\frac{12}{11} \times (1+2+3+\cdots+10) = 60 \text{（小時）}$$

為所求。

問題 41

在由 756 人所組成的兒童會中，對 2 個議案做贊成或反對的投票。每人投一票，結果贊成第 1 議案的有 476 人，贊成第二議案的有 294 人。再者，反對第 1 和第 2 議案的有 169 人。贊成第 1 和第 2 議案的有幾個人呢？但對於兩個議案，不管哪個成員都必須投票贊成或反對。

<說明>

這是需要思考的問題。如果找到問題的突破處，就可順利解題。

〰〰〰〰〰〰 ＜解答＞ 〰〰〰〰〰〰〰〰〰〰〰〰〰〰〰〰〰

兒童會的756人會員在
右圖的圓中表現出來，贊成
第1議案的476人在領域A
（點線）；贊成第2議案的
294人在領域B（鎖線）。
如此一來，點線和鎖線兩方
重疊的領域，就是第1、第

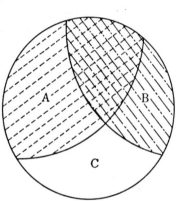

2議案兩者皆贊成的人。再者，點線、鎖線都沒有的
領域C，是第1議案和第2議案兩方皆反對的169人。

現在，將領域A、領域B、領域C的人數全部加
起來

$$476＋294＋169＝939（人）$$

除了兒童會的全體人員之外，贊成第1、第2議案的
人數也重複被加上。因此，將此數減掉兒童會的總人
數756人

$$939－756＝183（人）$$

就是兩方的議案都贊成的人數。

再者，祇贊成第1議案的人爲

$$476－183＝293（人）$$

而祇贊成第2議案的人爲

$$294－183＝111（人）$$

問題 42

A子的步行時速是 $4.2\,km$。因此，從家裏到車站步行要花 25 分鐘，巴士的時速雖然是 30 km，但由於還要

車站　　　　　B車站　　　A子的家

----- 步行線
———— 巴士行駛線

遠繞B站，所以從家前的站牌到車站要花 10 分鐘。B站的位置是在從A子的家往車站方向 $\frac{2}{5}$ 處。

某早，當A子走到B站時，剛好巴士來了，所以就搭巴士到車站。請問從離家之後，幾分後會到達車站呢？

＜說明＞

由於出題的文章很長，請仔細理解其內容。

~~~ **<解答>** ~~~~~~~~~~~~~~~~~~~~~~~~~~~~

A子的步行速度是時速 $4.2\,km$，由於到車站要花 25分鐘，所以從家裏到車站的距離為：

$$4.2 \times \frac{25}{60} = 1.75\,(km)$$

這個距離的 $\frac{2}{5}$ 為 $0.7\,km$，所以 A子從家裏到 B站的距離為 $0.7\,km$，而 B站到車站為 $1.05\,km\,(=1.75-0.7)$。

A子如果走 $0.7\,km$ 到 B站，由於時速為 $4.2\,km$，要花

$$\frac{0.7}{4.2} \times 60 = 10\,(分)$$

再者，從 B站到車站的 $1.05\,km$ 搭乘巴士，而巴士的時速 $30\,km$，所以要花：

$$\frac{1.05}{30} \times 60 = 2.1\,(分)$$

如此一來，兩者加起來：

$$10 + 2.1 = 12.1\,(分)$$

再者， 0.1 分為

$$0.1 \times 60 = 6\,(秒)$$

所以，答案是 12 分 6 秒。

順便一提，從 A子家前的站牌到 B站的巴士行駛路線為：

$$30 \times \frac{(10-2.1)}{60} = 3.95\,(km)$$

問題 43

這裏有蘋果 187 個、橘子 36 個。請問當分給□個小孩蘋果時，剛好每人都分得△個蘋果？接下來，將橘子等分給相同人數的小孩時，還剩下 2 個橘子。請填入相當於□和△的數。

<說明>

　依問題的條件，雖然似乎有各種答案，但題目以 187 個蘋果的個數作爲暗示，□和△應該可以很容易地決定。

〜〜〜〜〜〜〜〜〜＜解答＞〜〜〜〜〜〜〜〜〜〜〜〜〜〜〜〜〜

要將187個蘋果等分給□個小孩，而且每人都分到△個，所以：

$$187＝□×△$$

所以，如果將187分解成兩個數的乘積時，祇能分解成：

$$187＝11×17$$

所以，試想看看將蘋果分給11個小孩，每人17個的情形。如此一來，將36個橘子分給11個小孩時，

$$36÷11＝3……餘3$$

每人分得3個，還剩下3個橘子。這個答案與出題的條件不合，不合所求。

接下來，考慮將蘋果分給17個小孩，每人11個的情況。如此一來，將36個橘子分給17個小孩時，

$$36÷17＝2……餘2$$

每人分得2個，還剩2個。由於這次和出題的條件相合，所以□為17，△為11。

再者，如果蘋果和橘子的個數是別的數的話，一般來說，就沒有這麼容易解答。這個問題是否能發現187是11和17的乘積，是一個很重要的關鍵。

問題 44

　　甲和乙的汽車在A地點同時出發，走相同的道路。由於甲的時速比乙的時速快 $4\,km$，所以甲比乙快30分通過途中的B地點。再者，乙到B地點時，甲已經行駛到比B地點多 $18\,km$ 的C地點。A地點和B地點間的距離是多少呢？

＜說明＞

　　如果仔細地讀題，可以發現到並不這麼困難。首先，先求甲的時速。

～～～〈解答〉～～～～～～～～～～～～～～

甲比乙早 30 分通過 B 地點，當乙通過 B 地點時，甲已經先走了 18 km。因此，甲的時速為

$$18 \div \frac{1}{2} = 36 \ (km)$$

而比這個遲 4 km 的乙的時速為 32 km。

現在，甲和乙的汽車如果行駛 36 km 的距離，甲要花 1 小時，而乙要花

$$\frac{36}{32} = \frac{9}{8} \ (小時)$$

因此，每 36 km 乙就會慢 $\frac{1}{8}$ 小時。以這樣來計算，乙如果慢 $\frac{1}{2}$ 小時的話，就行駛了

$$36 \times (\ \frac{1}{2} \div \frac{1}{8} \ ) = 144 \ (km)$$

也就是說，A 地點和 B 地點間的距離為 144 km。

再者，在解這個問題時，雖然要考慮甲和乙汽車都行駛 36 km 的距離，但不管他們行駛多少 km，這都是相同的。這僅需要簡單的考慮距離就可以了。

問題 45

　　爲了購買Ａ和Ｂ２種東西，美玲出門買東西。由於那一天是特賣的日子，所以Ａ用定價的15％，而Ｂ用定價的12％就能買到，美玲看看支付的金額總計是69440圓，一平均等於是1.32％的價格。試問Ａ和Ｂ的定價各自爲多少呢？

<說明>

　　這是非常實用的問題。由於自己也會常常購物，請正確地計算。

~~~~~~ ＜解答＞ ~~~~~~~~~~~~~~~~~~~~~~~~~~~~~~

　　將買的兩樣東西平均起來時，以1.32％買到的價格是69440圓。所以，如果以定價購買的話，合計應爲：

$$69440 \div (1 - 0.132) = 80000 (圓)$$

現在，假設Ａ和Ｂ都以定價的1.5％買到。如此一來，支付的金額爲

$$80000 \times (1 - 0.15) = 68000 (圓)$$

僅比實際的金額少

$$69440 - 68000 = 1440 (圓)$$

這個是因爲Ｂ是以定價的12％買到的緣故，15％和12％的差就是那1440圓。這個差，

$$0.15 - 0.12 = 0.03$$

所以Ｂ的定價爲

$$1440 \div 0.03 = 48000 (圓)$$

如此一來，由於定價的總計爲80000圓，Ａ的定價爲：

$$80000 - 48000 = 32000 (圓)$$

　　再者，實際買到的價錢，Ａ爲

$$32000 \times (1 - 0.15) = 27200 (圓)$$

Ｂ爲

$$48000 \times (1 - 0.12) = 42240 (圓)$$

問題 46

有 3 種玉Ⓐ、Ⓑ、Ⓒ，如下圖所示。在天秤的左側放 6 個Ⓐ，在右側放 4 個Ⓑ，天秤會傾向那一邊呢？再者，將他們釣起來之後，較輕的一邊應加Ⓐ、Ⓑ、Ⓒ哪一個，而且放幾個較好呢？

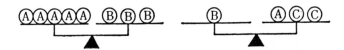

＜說明＞

必須調查Ⓐ、Ⓑ、Ⓒ各玉間相互的重量關係。因此，Ⓒ玉為重點。

＜解答＞

Ⓑ玉 1 個和在 1 個Ⓐ
玉上加上 2 個Ⓒ玉，取代
3 個Ⓑ玉，如右圖所示。

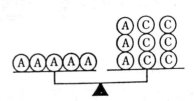

如果從兩方除去 3 個Ⓐ玉
，變成 2 個Ⓐ玉和 6 個Ⓒ
玉稱重。所以，Ⓐ玉 1 個和Ⓒ玉 3 個稱重

　　　Ⓐ的重量＝（Ⓒ的重量）×3

如此一來，在 1 個Ⓑ玉和 1 個Ⓐ玉上加上 2 個Ⓒ玉去
秤，換掉一個Ⓐ玉，稱上 3 個Ⓒ玉的話，Ⓑ玉 1 個和
Ⓒ玉 5 個去秤重。所以，

　　　Ⓑ的重量＝（Ⓒ的重量）×5

排除掉Ⓒ玉，Ⓐ、Ⓑ、Ⓒ玉相互重量的關係就可以了
解。

　　言歸正傳，Ⓐ玉 6 個
和Ⓑ玉 4 個比重的話，如
果換算成Ⓒ玉，6 個Ⓐ玉
換算成 18 個Ⓒ玉（＝6×

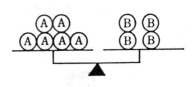

3），4 個Ⓑ玉等於 20 個Ⓒ玉（＝4×5）。因此，會
向Ⓑ玉一方傾斜，為了要平衡，必須在放Ⓐ玉的一側
再加上 2 個Ⓒ玉。

問題 47

A、B、C、D四人下棋。彼此一定要對戰一次，視對手而定，對戰二次的人也有。結果，A1勝2敗，B3勝無敗績，C4敗。請問D是幾勝幾敗呢？

<說明>

好好整理問題的內容，從了解對戰的情況，依序地決定勝敗的順序。

╼╾╼╾ <解答> ╾╼╾╼╾╼╾╼╾╼╾╼╾╼╾╼╾╼

　　C雖然是4敗，但和誰對戰2回並不清楚。但是，由於彼此一定要對戰一次，輸給A是一定的。所以，A是1勝2敗，這是意味著A勝C，而輸給B和D。將這個內容寫成

　　　　×A－B○
　　　　○A－C×
　　　　×A－D○

由於B是3勝0敗，所以

　　　　○B－A×
　　　　○B－C×
　　　　○B－D×

所以，A和B的對戰對手和成績就決定了。剩下的，僅是C和D的對戰。

　　如果參照到目前為止的結果，對於C

　　　　×C－A○
　　　　×C－B○

因此，由於C是4敗，後兩次是和D的對戰。所以，C的對戰對手和成績是：

　　　　×C－A○，×C－B○
　　　　×C－D○，×C－D○

對於D為：

　　　　○D－A×，×D－B○
　　　　○D－C×，○D－C×

如此一來，D為3勝1敗，由上得知。

問題 48

　　有某工作，A 獨力去做要花 12 天，祇有 B 去做要花 18 天，祇有 C 去做要花 24 天。這個工作最初由 A 做幾天，剩下的由 B 做幾天，再剩下的再由 C 去做，完成這個工作，各自工作的天數比爲：

　　A：B＝1：3，B：C＝1：2

A 開始工作之後，第幾天會完成工作呢？

<說明>

　　試考慮 A、B、C 各人 1 天的工作量。以普通的方法就能解決的問題。

━━〈解答〉━━━━━━━━━━━━━━━━━━━━━━

由於祇有Ａ工作要花12天，所以Ａ1天的工作量占全體的$\frac{1}{12}$。相同地，Ｂ1天的工作量為全體的$\frac{1}{18}$，Ｃ1天的工作量占全體的$\frac{1}{24}$。

因此，如果考慮3個人工作日數的比，Ａ和Ｂ為

Ａ：Ｂ＝1：3

Ｂ和Ｃ為

Ｂ：Ｃ＝1：2＝3：6

3人為

Ａ：Ｂ：Ｃ＝1：3：6

所以，如果Ａ工作的日數為1天的話，Ｂ為3天，Ｃ為6天的比例。

實際上，由於不知道Ａ工作了幾天，所以如果假設是1天的話，占全部的多少比例就可求出來。如此一來，由於Ｂ是3天，Ｃ是6天，所以合計3人的工作量為

$$\frac{1}{12}+\frac{1}{18}\times3+\frac{1}{24}\times6=\frac{1}{2}$$

接下來，將各人的工作日數乘以2倍，Ａ為2天，Ｂ為6天，Ｃ為12天。合計為：

2＋6＋12＝20（天）

所以，Ａ開始工作之後，在第20天完成。

問題 49

　以 100 圓硬幣 2 枚，50 圓硬幣 3 枚，10 圓硬幣 3 枚，5 圓硬幣 1 枚，剛好能夠支付的金額有幾組呢？但是，這些硬幣不管是哪一種都要用 1 枚以上。

<說明>

　硬幣的組合即使不同，合計的金額也能夠相同。請有計畫地計算各種情況下硬幣的數目。

<解答>

不管哪一種的硬幣最少都要用一枚，所以其合計為：

$$100＋50＋10＋5＝165（圓）$$

如此一來，剩下的 100 圓硬幣 1 枚，50 圓硬幣 2 枚，10 圓硬幣 2 枚，這些用也好，不用也行。接下來，除去 165 圓剩下的硬幣

100 圓硬幣（2組）
- 不用…………0 圓
- 用 1 枚……100 圓

50 圓硬幣（3組）
- 不用…………0 圓
- 用 1 枚…… 50 圓
- 用 2 枚……100 圓

10 圓硬幣（3組）
- 不用…………0 圓
- 用 1 枚…… 10 圓
- 用 2 枚…… 20 圓

所以硬幣的組合總共有 18 組（＝2×3×3）。但是，關於 100 圓硬幣和 50 圓硬幣，如下表所示，總計的金額有 5 組。這個如果考慮使用 10 圓硬幣時的 3 組，全部祇有

		50 圓		
		1 枚	1 枚	2 枚
100 圓	0 枚	0 圓	50 圓	100 圓
	1 枚	100 圓	150 圓	200 圓

$$5×3＝15（圓）$$

具體的金額為

165 圓、175 圓、185 圓、215 圓、225 圓、
235 圓、265 圓、275 圓、285 圓、315 圓、
325 圓、335 圓、365 圓、375 圓、385 圓。

問題 50

A、B、C 三人做 300m 的競走。A 以 48 秒抵達終點時在距離終點12m處的地方走。再者，C 抵達終點時，為 B 已經到達終點後 1.2 秒。A 抵達終點時，C 還距離終點處多少m行走呢？

<說明>

　　首先，針對 B 去想，接著再移往 C。根據此，解決之道自然打開。

～～～＜解答＞～～～～～～～～～～～～～～～

　　A以48秒抵達終點時，由於B還在距離終點12m處行走，所以B 48秒走了 288 m（＝300－12）。接下來，B 1秒走：

$$288 \div 48 = 6\,(m)$$

到 300 m 的終點，要花：

$$\frac{300}{6} = 50\,(秒)$$

另一方面，由於C是在B的1.2秒後抵達終點的，C到終點要花

$$50 + 1.2 = 51.2\,(秒)$$

所以，C 1秒走

$$\frac{300}{51.2} = 5\frac{55}{64}\ (m)$$

　　由於A用48秒就到達終點，所以其間C走的距離為

$$5\frac{55}{64} \times 48 = 281.25\,(m)$$

因此，A抵達終點時，C還在距離終點

$$300 - 281.25 = 18.75\,(m)$$

處行走。再者，A抵達終點時，B還有12m要走，而C還有剩下的 6.75m 要走。

問題 51

　　下表爲Ａ、Ｂ、Ｃ、Ｄ、Ｅ、Ｆ、Ｇ、Ｈ8人的數學考試的結果。考試滿分爲100分，8人的平均分數爲64分。Ｆ的分數爲8人之中最高的，剛好是其他的7人中某人分數的2倍。請求Ｃ和Ｆ的分數。

A	B	C	D	E	F	G	H
74	48		90	33		60	78

＜說明＞

　　由於Ｆ的分數也有可能是Ｃ的2倍，所以不能輕易地決定爲Ｂ的2倍。

⌇⌇⌇ <解答> ⌇⌇⌇⌇⌇⌇⌇⌇⌇⌇⌇⌇

　　由於 A、D、G、H 4 人的分數都超過50分，F 的分數有可能是 B、C、E 任何一人分數的 2 倍。但是，如果是 E 分數的 2 倍則爲66分，並不是最高分。因此，爲 B 或 C 分數的 2 倍。

　　由於 8 人得分的平均爲64分，所以總得分爲 512 分（＝64×8）。另一方面，已知 6 人分數的合計爲：

　　　74＋48＋90＋33＋60＋78＝383（分）

接下來，C 和 F 得分的合計爲：

　　　512－383＝129（分）

要是 F 的得分是 C 得分的 2 倍的話，F 的得分爲：

$$129 \times \frac{2}{3} = 86（分）$$

這個分數比 D 的得分90還低，所以 F 的得分爲 B 的 2 倍爲 96 分（＝48×2）。如此一來，由於 C 和 F 得分的合計爲 129 分，C 的得分爲

　　　129－96＝33（分）

　　結果，8 人的得分如下表。

A	B	C	D	E	F	G	H
74	48	33	90	33	96	60	78

問題 52

　　A、B、C、D四個班級的人數，任何一班都比50人少，平均爲46人。班級間人數的差，A班和B班間爲4人，B班和C班間爲3人，C班和D班間爲2人。人數最多的爲A班。

　　A、B、C、D各班的人數，各自爲幾人呢？

> 〈說明〉
>
> 　　即使知道班級間人數的差，也不知道哪個班級人數多少。因此，某種程度的情況設定是無可避免的。

~~~ ＜解答＞ ~~~

由於我們知道Ａ班比Ｂ班多４人，所以Ｂ、Ｃ、Ｄ任何一個班級人數多都無所謂，我們試將他們劃分一下。

$$\begin{cases} B > C \begin{cases} C > D \cdots\cdots(1) \\ D > C \cdots\cdots(2) \end{cases} \\ C > B \begin{cases} C > D \cdots\cdots(3) \\ D > C \cdots\cdots(4) \end{cases} \end{cases}$$

在這裏假設Ａ班的人數爲□，而Ｂ班的人數爲□－４，Ｃ班和Ｄ班的人數，對應各自的情況：

(1)的情況……Ｃ爲□－７，Ｄ爲□－９

(2)的情況……Ｃ爲□－７，Ｄ爲□－５

(3)的情況……Ｃ爲□－１，Ｄ爲□－３

(4)的情況……Ｃ爲□－１，Ｄ爲□＋１

(4)的情形時，Ｄ班比Ａ班的人數還多，與題意不符。至於其他的情形，

	合　計	平　均
(1)的情形……	4×□－20	□－5
(2)的情形……	4×□－16	□－4
(3)的情形……	4×□－ 8	□－2

由於我們知道平均爲46人，所以接下來求Ａ班的人數，情況(1)時□＝51，情況(2)時□＝50，情況(3)時□＝48。由於Ａ班的人數要少於50人，所以(1)和(2)的情況與題意不符，(3)的情況48人爲所求。

如此，Ａ、Ｂ、Ｃ、Ｄ各班級的人數，各爲48人，44人，47人，45人。

問題 53

在 A 容器加入 12％的食鹽水 500 g，在 B 容器加入水 500 g，首先，將 A 容器中一半的鹽水移到 B 容器，仔細地混合。接下來，將 B 容器食鹽水的一半移到 A 容器中，好好地混合。最後，使得 A 和 B 各容器食鹽水的重量都一樣，將食鹽水從容器 A 移往容器 B。結果，B 容器的食鹽水是多少％的食鹽水呢？

＜說明＞

內容雖然混淆不清，但解題方法的本質並不這麼難。水和鹽的重量要分開考慮。

＜解答＞

在 12 ％的食鹽水 500g 中，加入

$$500 \times 0.12 = 60 \, (g)$$

的食鹽，如果將這一半移到 B 容器中，在 B 容器中加入 30g 的食鹽就形成 750g（＝500＋250）的食鹽水。這一半是加入 15g 的食鹽變成 375g（＝750÷2）的食鹽水，如果將這個移至 A 容器的話，就等於加入 45g（＝30＋15）的食鹽，形成 625g（＝250＋375）的食鹽水。

在 B 容器中，由於還留著加入 15g 食鹽的 375g 食鹽水，所以要把它弄成 500g，需要從 A 容器中取出 125g（＝500－375）的食鹽水，加入 24g 食鹽的 500g 食鹽水的濃度爲

$$24 \div 500 = 0.048$$

爲 4.8 ％。

再者，在 A 容器中，由於加入了 36g（＝60－24）的食鹽。

$$36 \div 500 = 0.072$$

因此，形成 7.2 ％的食鹽水。

A、B、C三人各有零用錢。首先，A從自己所有的錢當中，給B和C和他們各自有的零用錢相同的金額。接下來，B從自己的零用錢當中，給A和C各自有的零用錢相同的金額。最後，C從自己的零用錢中，給A和B各自有的零用錢相同的金額。

　　結果，3人都得到相同的金額1600元。請問A、B、C最初的零用錢各自為多少呢？

　　〈說明〉

　　如果從正面解題，並無效用。腦筋動得快且從關鍵處下手是最重要的。

　　由於每個人最後都有相同的金額1600元，所以試以反方向想想看。Ａ和Ｂ都各自擁有自己的零用錢和從Ｃ處得到的相同的金額，所得在還未拿之前每人都有，

$$1600 \div 2 = 800 \text{（元）}$$

零用錢。如此一來，Ｃ的零用錢爲：

$$1600 + 800 \times 2 = 3200 \text{（元）}$$

這個Ａ和Ｂ爲800元，Ｃ爲3200元的零用錢，是Ｂ給Ａ和Ｃ各自的零用錢和相同金額的結果。因此，還未拿到Ｂ給的錢之前的零用錢爲，Ａ是：

$$800 \div 2 = 400 \text{（元）}$$

Ｃ爲：

$$3200 \div 2 = 1600 \text{（元）}$$

如此一來，Ｂ的零用錢是：

$$800 + （400 + 1600）= 2800 \text{（元）}$$

　　這個Ａ爲400元，Ｂ是2800元，Ｃ是1600元的零用錢是Ａ各別給Ｂ和Ｃ的零用錢和相同金額的結果。因此，還未獲得Ａ的錢之前的零用錢爲，Ｂ是：

$$2800 \div 2 = 1400 \text{（元）}$$

Ｃ是：

$$1600 \div 2 = 800 \text{（元）}$$

再者，Ａ的零用錢爲：

$$400 + （1400 + 800）= 2600 \text{（元）}$$

如此一來，3人最初所有的零用錢，Ａ是2600元、Ｂ爲1400元、Ｃ爲800元。

第四章
圖形的應用問題

難解數學破題

問題 55

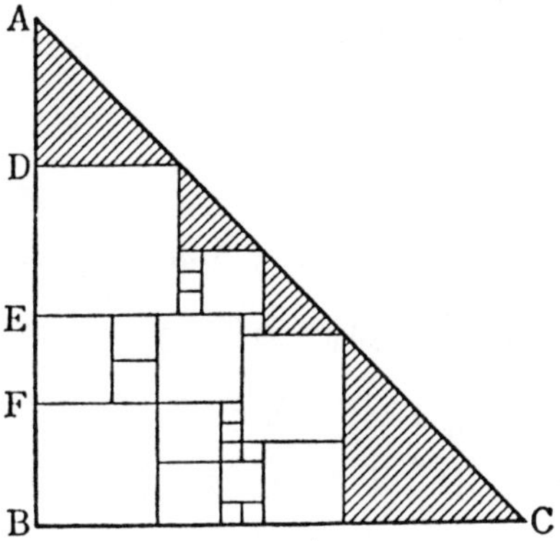

右圖的三角形ＡＢＣ爲兩邊長爲 8 *cm* 的直角等邊三角形。其中含有各種不同大小的正方形，沒有正方形的部分劃斜線。當

AE：EB＝7：5

EF：FB＝2：3

AD：DE＝1：1

時，請問斜線部分的面積爲多少呢？

＜說明＞

仔細觀察圖形，依次決定各部分的長度。內部所有正方形的大小一部部地決定。

〜〜〜 ＜解答＞ 〜〜〜〜〜〜〜〜〜〜〜〜〜〜〜〜〜〜〜〜〜〜〜

如右圖的箭頭所示，試將最下面的小正方形的一邊長假設爲 1 。如此一來，其上的正方形一邊長爲 2 ，而其在一邊長爲 3

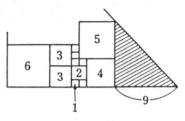

的有 2 個，而更左處有一邊長爲 6 的正方形並排著。接下來，右邊的 2 個正方形一邊長爲 4 ，一邊長爲 5 ，而右下的直角等邊三角形的一邊長爲 9 。

接下來，如右圖箭頭所示的 4 和 1 和 5 的正方形，從這裏往上推。如此一來，所有的長度都依次決定，斜線的三個直角等邊三角形一邊的長度，由下而上依次爲 4 、 4 、 7 。

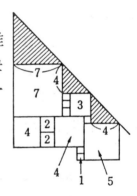

以這種方法，所以：

AD＝DE＝7，EF＝4，

FB＝6

AB的長度爲

AB＝AD＋DE＋EF＋FB＝7＋7＋4＋6＝24

由於實際的長度爲 8 cm，將這個長度以 3（＝24÷8）去除的話，就是實際的長度了，如此一來，以斜線所示的 4 個直角三角形的面積和爲：

$$\left(\frac{9}{3} \times \frac{9}{3} + \frac{4}{3} \times \frac{4}{3} + \frac{4}{3} \times \frac{4}{3} + \frac{7}{3} \times \frac{7}{3}\right) \div 2 = 9(cm^2)$$

為了要做立方體模型，畫A～F六個展開圖。在這之中，不是立方體的也有，哪個不是請以記號回答。

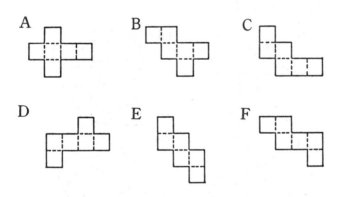

<說明>

由於不曉得不是立方體的有幾個，所以祇有全部調查。實際上如果把紙剪下，就可很簡單地明瞭了。

━━〈解答〉━━━━━━━━━━━━━━━━━━

　　雖然有的用眼睛一看就知道了，但一個一個地調查較爲確實。因此，由邊和邊合起來可以知道A如下圖所示。任何一邊都能接在一起，所以是爲一立方體。

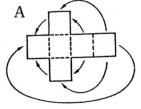

A

　　以同樣的方法去調查的話，B、D、E、F如下圖所示，都能成爲一立方體。

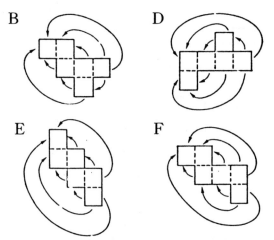

B　　　　　　　D

E　　　　　　　F

　　但是，C圖並不能成爲一個立方體。要清楚地了解這件事，可如下圖，在一個正方形中劃上斜線，以此爲底面去考慮立方體就可以了。有網點的二個正方形重複，但上面的正方形不能。但是，如果不注意觀察各自的展開圖，這就是個很容易出錯的問題。

C

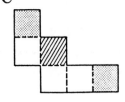

問題 57

在足球的表面上，五角形和六角形的圖樣如下圖所示。試看看這兩個圖形，會發現任一個五角形的周

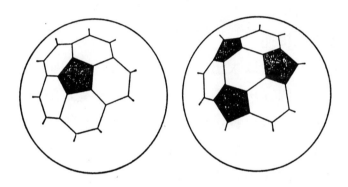

圍都有 5 個六角形，而任 1 個六角形周圍也各有 3 個五角形和六角形交互排列。從這點，請求出在足球表面五角形和六角形的個數比，儘量以簡單的整數比表示出來。

＜說明＞

　　足球在運動用品店等地方常常可以看到。非常意外地恰巧就在算數上也是個很有趣的問題。

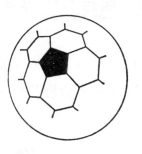

~~~~ ＜解答＞ ~~~~~~~~~~~~~~~~~~~~~~~~~~~~~

即使未實際上數出在足球表面上五角形和六角形的個數，如果僅考慮彼此相連的方式，也可以求出五角形和六角形的個數比。

在 1 個五角形周圍，不論何時都有 5 個六角形。因此，如果重複數這些六角形，六角形的個數為五角形個數的 5 倍。接下來，試數數看各個六角形各重複幾次，這個次數是相同的六角形從幾個五角形重複數的次數，也就是接連各個六角形的五角形的個數。看上圖可以發現任何一個六角形周圍一定有 3 個五角形。所以，$\frac{5}{3}$ 倍（＝5÷3）就是沒有重複的倍率。因此，五角形和六角形的個數比為 3：5。

再者，試著實際數一下在足球表面五角形和六角形的個數，五角形有 12 個，六角形有 20 個，所以個數比為：

$$12：20 ＝ 3：5$$

問題 58

如右圖所示，半徑 3.2
cm圓形的內側有一96個齒的
鐵板 A 和半徑 1.2 cm圓形鐵
板的外側有一36齒的齒車 B
。從距離齒車 B 的中心 0.6
cm處開一個 C 洞，插入原子
筆，將 B 與 A 的齒輪使之吻

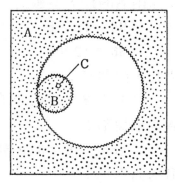

合，使它轉動。這時所形成的圖形是下圖 A、B、C
、D、E、F 中的哪一個呢？

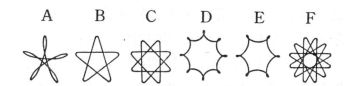

A　　B　　C　　D　　E　　F

<說明>

　　這個用具實際上市面上有賣。如果好好整理
思考方式的話，問題本身並不這麼難。

-133-

━━ <解答> ━━━━━━━━━━━━

　　和 A 齒輪吻合的 B 轉動的話，原子筆應該以相同的狀態旋轉。 A 是 96 個齒， B 是 36 個齒，所以都能整除兩者的最大整數為

$$96 = 12 \times 8$$

$$36 = 12 \times 3$$

因此，齒共有：

$$12 \times 8 \times 3 = 288 \,(個)$$

A 齒輪轉動：

$$288 \div 96 = 3 \,(回轉)$$

B 的齒車為：

$$288 \div 36 = 8 \,(回轉)$$

因此， B 的齒車和 A 齒輪吻合而自己本身回轉 8 次的話，就可以回到原來的狀態，從這件事可以知道，由於原子筆和 A 洞最接近，所以轉 8 次。之後，由於描繪在前面畫的線，所以在圖中並沒有顯現。

　　所以，我們看從 A 到 F 的圖，在外側尖的部分， A 和 B 有 5 個， C 和 D 有 8 個地方，而 E 有 6 個， F 有 12 個。所以，除了 C 和 D 之外，其他的皆不合所求。因此，我們試想當 A 洞繞一圈時， B 的齒車本身繞了幾次呢？

$$\frac{96}{36} = 2\,\frac{2}{3} \,(次)$$

所以 C 不為所求。如此一來，正確的圖形就為 D 圖。

問題 59

半徑10cm的圓板 A 和半徑20cm的圓板 B，如右圖所示相接。圓板 A 在圓板 B 的圓周上轉動，轉 1 周回到原來的位置時，在圖中以點線所示的 4 個位置中，圓板 A 的方向是如何呢？在點線的圖內請畫上眼睛、鼻子、嘴巴。

圓板A

圓板B

＜說明＞

如果過份依賴直覺是很危險的。好好地審視問題，請仔細地思考。

～～＜解答＞～～～～～～～～～～～～～～

首先，考慮圓板 A 的頸處和圓板 B 不斷的接觸，不要轉動，而是在圓板 B 的周上滑 1 周時的情形。如此一來，由於圓板 A 的頸處要不停地向著圓板，所以繞著圓板 B 1 周時，圓板 A 本身也轉了 1 次。因此，圓板 A 不在圓板 B 的圓周上滑動而轉動 1 周時，由於圓板 B 的圓周長度是圓板 A 圓周長的 2 倍，所以在上面的 1 圈加上轉 2 圈變成 3 圈。如此一來，如右圖所示，每繞圓板 B $\frac{1}{3}$ 周，就和原來的方向一樣。

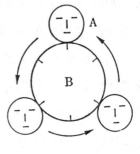

欲求圓板 A 方向的 4 個位置，在各自繞圓板 B $\frac{1}{8}$ 周、$\frac{1}{4}$ 周、$\frac{1}{2}$ 周、$\frac{3}{4}$ 周處。之後的兩個如果以每 $\frac{1}{3}$ 周就面向正面去考慮的話，和

$$\frac{1}{2}-\frac{1}{3}=\frac{1}{6} \text{（周）}, \quad \frac{3}{4}-\frac{1}{3}\times 2=\frac{1}{12} \text{（周）}$$

時相同。如此一來，以圓板 A 本身轉動的角度去看的話，各自為：

$$\left(\frac{1}{8}\div\frac{1}{3}\right)\times 360=135 \text{（度）}$$

$$\left(\frac{1}{4}\div\frac{1}{3}\right)\times 360=270 \text{（度）}$$

$$\left(\frac{1}{6}\div\frac{1}{3}\right)\times 360=180 \text{（度）}$$

$$\left(\frac{1}{12}\div\frac{1}{3}\right)\times 360=90 \text{（度）}$$

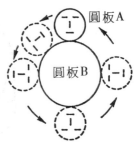

如右圖所畫的圖形為所求。

問題 60

右圖爲某立體的展開圖，但還少一個長方形。請將不足的那一個長方形加在展開圖上適切的位置。

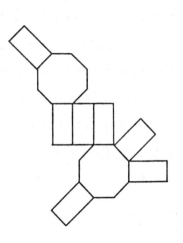

爲了組合這個立體的圖形，一定要在接合處糊上接著劑，請問糊接著劑之處需要幾個地方呢？請考慮加上那個不足的長方形之後的情況。

<說明>

哪一個面要和哪一個面黏合，要深入地仔細考慮。

〰〜 **＜解答＞** 〰〜〰〜〰〜〰〜〰〜〰〜

如右圖，被黏合的兩
邊使它依序對應。如此一
來，右側部分黏了1，2，
3，4處就停止了。因此
，相同的事也在左側檢查
一下，從5到12就結束。
所以，從兩方開始到停止

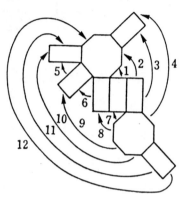

之處，就有一個不足的長方形。為使加上一個長方形
之後形成一個完成展開圖，在沒有箭頭的任一邊加上
都可以。所以這樣就有4組，但顯示其中的兩組如圖
所示。

再者，黏
接著劑所必須
的個數，如箭
頭所示的12個
地方之外，加
上增加的那個
長方形的三邊
（一邊已經接
著了），總共有15個地方。

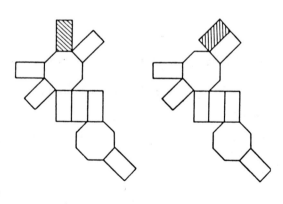

有一內部底面爲1邊10 *cm*
的正方形，而深度12*cm*的長方
體玻璃容器。在這個容器上，
將底面的1邊3等分，而將深
度4等分。因此，將底面的1
邊不要使它離開台面，而傾斜
到某個刻度，就可以測量各種
量的多寡。

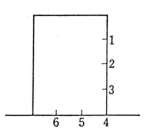

在這個容器中加入滿滿的
水，首先倒掉到[a]刻度的水。
之後，到[b]的刻度時，倒到特
別準備的容量時。容器中的水
爲550*cm³*，請求出 a 和 b。

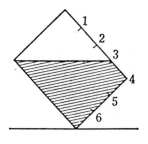

＜說明＞

暫且，先試計算有關所有的刻度傾倒時水的
量。

〜〜〜 ＜解答＞ 〜〜〜〜〜〜〜〜〜〜〜〜〜〜〜〜〜〜〜〜

將容器平放而注滿水的話，水的量爲：

$$10 \times 10 \times 12 = 1200 \, (cm^3)$$

將這個倒到 1、2、3、4 的刻度時，每一個刻度就少了

$$10 \times 10 \times \frac{12}{4} \times \frac{1}{2} = 150 \, (cm^3)$$

所以，各自的水量爲：

$$1200 - 150 = 1050 \, (cm^3) \cdots\cdots 1 \text{ 的刻度}$$
$$1050 - 150 = 990 \, (cm^3) \cdots\cdots 2 \text{ 的刻度}$$
$$900 - 150 = 750 \, (cm^3) \cdots\cdots 3 \text{ 的刻度}$$
$$750 - 150 = 600 \, (cm^3) \cdots\cdots 4 \text{ 的刻度}$$

如果傾倒到 5、6 的刻度，由於每一個刻度爲：

$$600 \times \frac{1}{3} = 200 \, (cm^3)$$

所以，

$$600 - 200 = 400 \, (cm^3) \cdots\cdots 5 \text{ 的刻度}$$
$$400 - 200 = 200 \, (cm^3) \cdots\cdots 6 \text{ 的刻度}$$

所以，2 個刻度間量差爲 $550 \, cm^3$，A 爲 1、2、3、4 的刻度中的任何一個。但是，在 2 和 4 的刻度時不出現 $50 \, cm^3$ 的零頭，所以，A 爲 3 的刻度，而 B 爲 6 的刻度的話就很容易了解。如此一來，把水倒到 3 的刻度，然後以到 6 的刻度的水加入另一個容器的話，就是：

$$750 - 200 = 550 \, (cm^3) \quad \text{爲所求。}$$

右圖爲被相同大小的 6 個正方形和相同大小的 8 個正三角形所包圍的立體的圖形和展開圖。

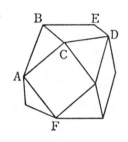

從展開圖要作成立體時，和點 F 重疊的地方在何處呢？請在展開圖上點上一點圓點·。再者，將正方形ＢＣＤＥ朝上，使這個平面保持水平，用水浸泡到一半之處時，弄溼的部分請以斜線顯示於展開圖上。

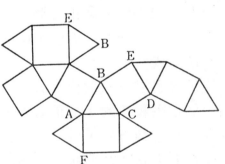

<說明>

這是直觀力和注意力的問題。需要冷靜地調查。

〜〜〜〜〜〜〜〜〜〜〜〜〜〜〜〜〜〜〜〜〜〜〜〜〜〜〜〜〜〜
〜〜〜 ＜解答＞〜〜

　　仔細地看這個立方體可以發現，它的任何一個頂點都是兩個正方形接著兩個三角形所構成的。因此，即使頂點Ｆ，也應該有兩個正方形和兩個正三角形。

在出題的Ｆ上，由１個正方形和１個正三角形構成。因此，還剩下１個正方形和 i 個正三角形。所以，如箭頭所指示的方向接合起來的話，可以發現在

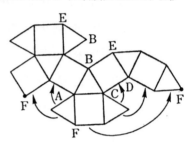

右側以Ｆ爲頂點的１個正方形，而在右側以Ｆ爲頂點的，有１個正三角形。所以，由２個正方形和２個正三角形所形成。

　　至於被水浸溼的部分，和上面的正方形ＢＣＤＥ任何一個頂點相連的４個正方形，如下圖上側所劃的斜線所示。這種方式，可以更明顯地看出立體的形狀。如此一來，由於這個對角線是浸溼部分和沒有浸溼部分的境界線。所以，如果將斜線部分連起來的話，就如右圖的下側所示。

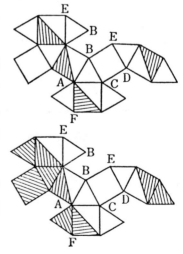

　　再者，如果確定浸溼的部分和未浸溼部分的面積相同的話，答案就更完全了。

問題 63

有1邊長為6*cm*立方體。右圖所示的P點在FG邊上，距離G點2*cm*處。連結A和P的實線，橫切邊BC，是從A到P最短的路線。再者，連接A和P的點線，以橫切BF邊的為從A到P最短的徑路，實線橫切BC

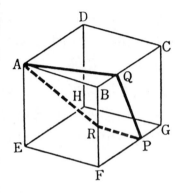

邊的點Q，和點線橫切BF邊的點R，請求BQ和BR的長度。

<說明>

　　連結2點最短的徑路，如果2點在同一平面的話，就是連結兩點的直線。但是，如果兩點是立體的分配時，該如何呢？

〰〰〰 <解答> 〰〰〰〰〰〰〰〰〰〰〰〰〰〰〰〰〰〰

在立方體上求最短的徑
路是很麻煩的事。首先取出
包含ＡＱ和ＱＰ的兩個面，
在邊ＣＢ處將它攤平。如此
一來，如右圖，將Ａ和Ｐ用

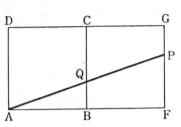

直線連結，和邊ＣＢ的交點為Ｑ。由於ＡＰ在最短的
徑路上，所以可以求出ＱＢ的長度。由於三角形ＡＱ
Ｂ和三角形ＡＰＦ為相似形，所以ＡＢ的長度為ＡＦ
長度的一半。因此，ＱＢ的長度也是ＰＦ長度的一半
：

$$QB = \frac{PF}{2} = \frac{GF-GP}{2} = \frac{6-2}{2} = 2\,(cm)$$

接下來，取出包含ＡＲ和Ｒ
Ｐ的２個面，在邊ＢＦ處展
開。如此一來，以直線連結
Ａ和Ｐ為最短的徑路。這個
和邊ＢＦ的交點如果是Ｒ的

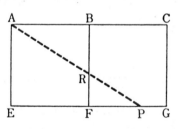

話，就可以求ＢＲ的長度。這次，三角形ＡＢＲ和三
角形ＰＦＲ也是相似形。因此，由於ＡＢ＝6 cm，ＰＦ
＝4 cm，所以：

ＢＲ：ＲＦ＝6：4＝3：2

由於ＢＦ的長度為6 cm，所以：

$$BR = \frac{3}{3+2} \times 6 = 3.6\,(cm)$$

問題 64

骰子從 2 個方向來看
的圖如右圖所示。下圖雖
為展開圖，但看不到 3 和
4 和 6，⊡ 和 ⊡，⊞ 和 ⊞
的方向也要注意，請完成

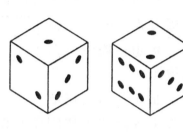

完全的展開圖。但是，骰子數的表裏合計為 7。

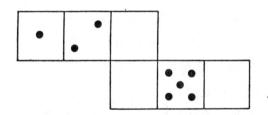

＜說明＞

雖然憑感覺也能使骰子復元，但儘可能地，
使用確實的方法。

〜〜〜 ＜解答＞ 〜〜〜〜〜〜〜〜〜〜〜〜〜〜〜〜〜〜〜〜〜

　　由於 1 和 6 與骰子的表面和裏面有關係，所以如果 2 的右邊是 6 的話，就立刻可以了解了。再者，從可以看到 2 和 3 和 6 的鳥瞰圖，也可以知道 2 和 6 的連接方式，所以，首先將 6 如右圖所示加以復元。

　　而 6 之下究竟是 3 和 4 哪一個，我們在 1 和 2 處試作一個如右圖的鳥瞰圖。從這個鳥瞰圖，祇要用看的就可以清楚了。這個和可以看見 1 和 2 和 3 的鳥瞰圖比較起來，1 和 2 的位置相反。所以，由此可以了解 6 之下是 4。

　　至於 5 的右鄰是 3，有必要調查一下它的排列方式。這個用箭頭如右圖所示劃出和 6 的接連方式，3 的排列方式就可以決定了。如此一來，如果好好注意可以看得到 2 和 3 和 6 的鳥瞰圖的話，就可以得到以下的展開圖。

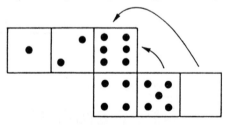

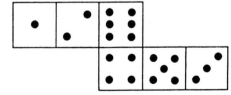

在如圖 1 所示的容器裏，注入18cm高的水，將這個如圖 2 所示顛倒過來，如將水面置於和ＡＢＣＤ的面平行，沒有水的部分的高度爲 8 cm。將這個容器如圖 3 所示橫放的話，想要使水的深度爲 7.5 cm。試問應從剛開始注入的水中，倒掉多少cm的水呢？

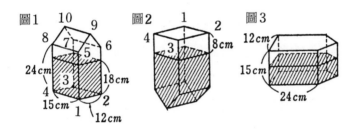

＜說明＞

必須求出上部突出的三角部分的容積。

〜〜〜〜 ＜解答＞ 〜〜〜〜〜〜〜〜〜〜〜〜〜〜〜〜〜〜

從圖 1 去求注入這個容器水的體積的話，

$$12 \times 15 \times 18 = 3240 \, (cm^3)$$

再者，在圖上容器顛倒的狀態

圖2

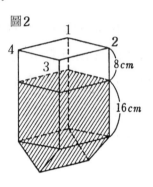

時，由於長方體部分水的高度

爲 $16cm$（$=24-8$），所以突出

的三角部分的容積相當於將長

方體放直時 $2 \, cm$（$=18-16$）

的高度。所以，突出的三角部

分的容積爲：

$$12 \times 15 \times 2 = 360 \, (cm^3)$$

另一方面，這個容器長方體部分的容積爲

$$12 \times 15 \times 24 = 4320 \, (cm^3)$$

所以，全體的容積是：

$$4320 + 360 = 4680 \, (cm^3)$$

如將這個如圖 3 橫放的話，由

於高度爲 $15 \, cm$，底面積爲：

圖3

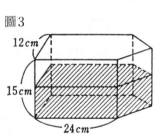

$$4680 \div 15 = 312 \, (cm^3)$$

如加入深入 $7.5 \, cm$ 的水，水的

容積爲：

$$312 \times 7.5 = 2340 \, (cm^3)$$

所以，倒掉的水的容量爲

$$3240 - 2340 = 900 \, (cm^3)$$

問題 66

　　如下圖所示，在距離 9 *cm* 的平行線 A 和 B 之間，有直角三角形 A 和長方形 B。直角三角形 A 沿著直線 A 以每秒 1 *cm*，而長方形 B 沿著直線 B 以每秒 3 *cm* 的速度，同時向箭頭的方向移動。A 和 B 重疊部分的面積依一定的值不變時，是開始動之後，從幾秒後到幾秒後呢？

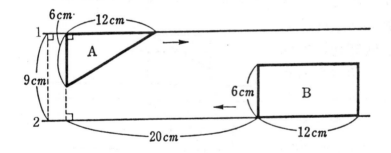

　　＜說明＞

　　直角三角形 A 和長方形 B 的左上角的頂點接觸時，其位置在直角三角形斜邊的某處。

〜〜〜〜 ＜解答＞ 〜〜〜〜〜〜〜〜〜〜〜〜〜〜〜〜〜〜〜〜〜〜

　　由於長方形Ｂ上側邊的高度爲距離直線Ｂ 6 *cm*處
，所以距離直線Ａ 3 *cm*處。如此一來，由於直角三角
形Ａ下側的前端（頂點）距離Ａ直線 6 *cm*，所以直角
三角形和長方形相交時，長方形上側的邊通過直角三
角形斜邊的正中點。所以，在開始動之前(a)的狀態時
，橫方向的長度如圖所示。所以，直角三角形切口的
長度之所以爲 6 *cm*，是將上側的邊 12*cm*一半之故。

　　因此，重疊
的面積一定時，
是從狀態(b)到狀
態(c)。這些和(a)
的狀態比較的話
，直角三角形和
長方形兩方都動
的長度總計是，
到狀態(b)時20*cm*

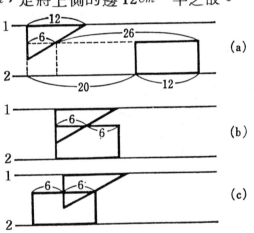

，到狀態(c)時 26*cm*。由於直角三角形每秒以 1 *cm*，而
長方形爲每秒 3 *cm*的速度進行，將兩方加起來的話，
接近每秒 4 *cm*（＝1＋3）。因此，要成爲狀態(b)要：

　　　　20÷4＝5（秒）

要成爲(c)狀態要：

　　　　26÷4＝6.5（秒）

所以，從 5 秒到 6.5 秒之間爲一定的面積。

問題 67

相同大小的正方形折紙，如右圖所示，從下面開始，順著紅、綠、青、黃、白色的順序折起來，作成一正方形ＡＢＣＤ。這時，從上面可以看到的部分的面積是

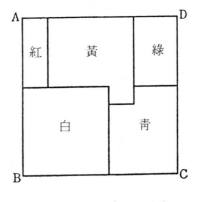

（圖的長度並不正確）

青色 $80\,cm^2$，

黃色 $100\,cm^2$，

白色 $120\,cm^2$

請問，紅色和綠色的面積各爲多少呢？

＜說明＞

這是個相當好的問題。雖然ＡＢＣＤ是個正方形，但或許會很難下手。可以說是道難題。

━━━ **〈解答〉**━━━━━━━━━━━━━━

　　如果不仔細說明的話很難理解，所以我們用 3 頁來解說。從上面可以看到部分的面積已經知道的有，

青、黃、白 3 色的折紙。所以，僅將這個取出，也包含看不到的部分，如右圖所畫的。在這裏首先要求的，是有斜線部分的長方形面積。

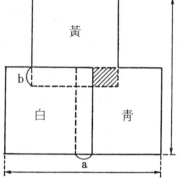

　　白色折紙的面積是 120 cm^2，這個已經看到了。所以，任何一色折紙也是 120 cm^2。如此一來，黃色折紙看不到部分的面積為

$$120 - 100 = 20 \ (cm^2)$$

而青色折紙看不到部分的面積為：

$$120 - 80 = 40$$

所以，由於將折紙重疊作成大正方形ＡＢＣＤ，所以以箭頭所示縱和橫的 2 個寬度相同。如此一來，a 和

b 的寬度也相同，在右圖縱的細長青色長方形面積和橫的細長黃色的長方形面積也相同。青色長方形為從青色折紙看不到的部分除去斜線

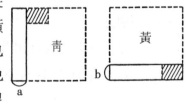

的長方形部分，其面積為從 $40 cm^2$ 減掉斜線的長方形面積。另一方面，黃色的長方形為在黃色折紙看不到的部分，加上斜線的長方形，所以其面積為在 $20 cm^2$ 上加上斜線長方形的面積。所以，斜線長方形的面積

爲

$$\frac{40-20}{2}=10\,(cm^2)$$

接下來要求的是針對青色和黃色的折紙，考量看得到的部分和見不到部分邊長的關係。

如右圖所示，如果僅取出黃色折紙，看得到的面積爲 $100\,cm^2$，而看不到部分的面積爲 $20\,cm^2$，所以分成 3 個長方形時各部分的面積，如在圖中填入的數字所示。所以，如果將折紙一邊的長度假設爲 1 的話，

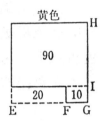

$$E\,F=\frac{20}{20+10}=\frac{2}{3}$$

$$F\,G=\frac{10}{20+10}=\frac{1}{3}$$

$$H\,I=\frac{90}{90+20+10}=\frac{3}{4}$$

$$I\,G=\frac{20+10}{90+20+10}=\frac{1}{4}$$

再者，如果僅取出青色折紙，看得到部分的面積爲 80 cm^2，看不到部分的面積爲 $40\,cm^2$，由於之前求出的斜線部分的長方形面積爲 $10\,cm^2$，各部分的面積如右圖所示。所以，如果將折紙一邊的長度假設爲 1 的話，

$$K J = \frac{30}{30+10+80} = \frac{1}{4}$$

$$I L = 1 - \left(\frac{1}{4} + \frac{1}{3}\right) = \frac{5}{12}$$

　　以上準備完畢，接下來要求出從上面可以看到部分的紅色折紙的面積和綠色折紙的面積。首先，在綠色折紙上，可以看到長方形橫邊的長度是折紙一邊的$\frac{5}{12}$，而縱邊的長度為$\frac{3}{4}$，所以面積為：

$$\frac{5}{12} \times \frac{3}{4} = \frac{5}{16}$$

由於折紙的面積為$120\,cm^2$，這個的$\frac{5}{16}$為：

$$120 \times \frac{5}{16} = 37.5\,(cm^2)$$

再者，在紅色的折紙上，可以看到的長方形的縱邊長度為折紙 1 邊的$\frac{3}{4}$。橫邊的長度，是 1 減掉$\frac{2}{3}$（邊 E F 的長度）為$\frac{1}{3}$。如此一來，折紙面積的

$$\frac{3}{4} \times \frac{1}{3} = \frac{1}{4}$$

其面積為

$$120 \times \frac{1}{4} = 30\,(cm^2)$$

所以，紅色折紙的面積為 $30\,cm^2$，綠色折紙為 37.5 cm^2。

第五章
數和圖形的應用問題

問題 68

縱、橫的長度各自為 9 cm，13 cm 的長方形磁磚，如下圖所示，留 1 cm 的間隔，排成正方形。並排的磁磚要最少時是幾塊呢？

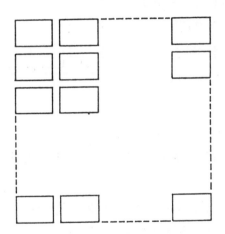

<說明>

以這種狀態去求正方形 1 邊的長度的話，是有點兒麻煩。在思考方式上還是要下點工夫。

＊＊＊＊ ＜解答＞ ＊＊＊＊＊＊＊＊＊＊＊＊＊＊＊＊＊＊＊＊＊

　　將已形成的正方形，在其右側及下側處各加寬 1

cm，由圖中可以看到。這個也和成爲正方形相同。而且在這個多一圈的大正方形裏，不管附上哪個磁磚，都可以在右側和下側處各自留 1 cm 的間隔。這個，縱的部分爲：

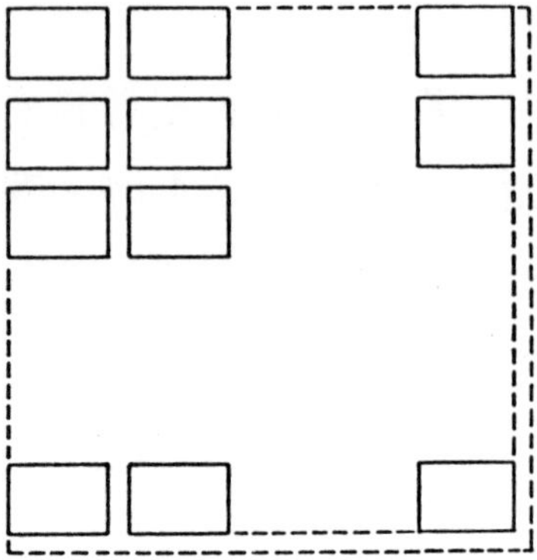

$$9+1=10\,(cm)$$

而橫爲：

$$13+1=14\,(cm)$$

這等於是在舖這樣的長方形，這樣問題會變得比較簡單。

　　所以，求出 10 和 14 的最小公倍數

$$10=2\times5，14=2\times7$$

所以最小公倍數＝$2\times5\times7=70$

所以在縱的方向，舖上

$$70\div10=7\,(塊)$$

在橫的方向，舖上

$$70\div14=5\,(塊)$$

的話，就成爲 1 個最小的正方形。這時正方形的 1 邊長爲

$$70-1=69\,(cm)　爲所求。$$

問題 69

如右圖所示，將10元硬幣排成正方形。如此一來，並不能形成一個正方形，還剩下30個硬幣。而且每增加一列時就不足3個。請問10元硬幣全部有幾個呢？

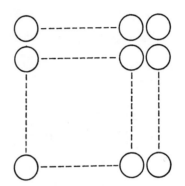

〈說明〉

要排成正方形，有各種的排列方式。如果以出題的方法忠實地去排10元硬幣的話，應該要注意某種法則。

<解答>

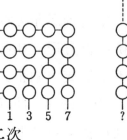

要用10元硬幣排成正方形，首先在左下處 1 個，接下來圍繞著那 1 個要 3 個硬幣，接下來要有 5 個，如右圖所排列的方式。如此一來，圍繞著 1 個一直增加的10元硬幣依 3 個、5 個、7 個這種奇數個數一直增加，所以如我們所了解的，將相同的數乘以二次

$$1 \times 1 = 1$$
$$2 \times 2 = 1 + 3$$
$$3 \times 3 = 1 + 3 + 5$$
$$4 \times 4 = 1 + 3 + 5 + 7$$

往下依次僅加上奇數。

在這個問題中，並排出某正方形時，剩下30個硬幣，而且每增加一列就不足 3 個。所以，應該追加上去的10元硬幣有33個（＝30＋3）。如此一來，剩下30個時的正方形應由：

$$1 + 3 + 5 + 7 + \cdots + 31 = 256（個）$$

所形成的正方形，所以，最初總共有10元硬幣

$$256 + 30 = 286（個）$$

再者，求出256時的計算，可以從排成正方形的方式中讀取：

$$\frac{31+1}{2} \times \frac{31+1}{2} = 256$$

問題 70

有一延伸成一直線的線。將這條線分成20等分的點畫上紅色的記號，在分成21等分的點上畫上青色的記號。如果調查紅色記號和青色記號之間的長度，最短處為 2 cm。這條線的長度為多少呢？

<說明>

紅色記號和青色記號之間的長度，依位置不同而改變。先找出最短的位置在何處為先決條件。

━━〈解答〉━━━━━━━━━━━━━━━━━━━━━━━

　　20 等分的點和 21 等分的點實際上畫起來的話，如圖所示。在這裏要注意的是，線的正中央是對折的點。也就是說，紅色和青色的記號左右對稱於中央。如果注意到這一點，這個問題就很容易解決了。

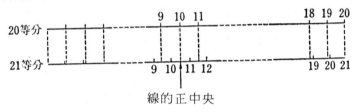

線的正中央

　　看看線的右半邊，可以發現紅色記號和青色記號之間的長度，愈向右離得愈開。如此，我們可以知道在左端最開始之處，是兩者最接近時。這個差，如果將線的長度假設為 1 的話，為：

$$\frac{1}{20} - \frac{1}{21} = \frac{1}{420} \ (倍)$$

這個長度為 2 cm，就意味著線的長度為

$$2 \div \frac{1}{420} = 840 \ (cm)$$

　　這個問題，仔細觀察非常重要，如果沒有的話可能會被嚇到。

問題 71

　　為了使下圖的A、B、C、D四個區域更明顯地劃分出來，用塗顏色的方式將它們區分出來。顏色最多使用紅、白、黃、青四色，試問全部有幾組塗法呢？這時，例如A和D即使塗紅色、B塗白色、C塗黃色，這樣界線也很清楚。

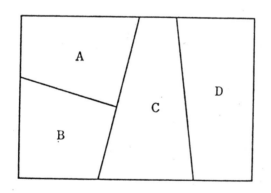

<說明>

　　如果未按計畫去劃分塗抹的位置，會產生重複的情況，要特別注意。

─── ＜解答＞ ~~~~~~~~~~~~~~~~~~~~~~~~~~

首先，決定用紅色塗Ａ。這時，如果改變塗法的話，由於Ａ以其他顏色去塗時也一樣，所以將這個４倍的話，就是全部的塗法了。

如果Ｄ也以紅色去塗，Ｂ和Ｃ就是這個顏色之外不同的顏色，所以，可能的情況有：

$$B(白) \begin{cases} C(黃) \\ C(青) \end{cases} \qquad B(黃) \begin{cases} C(白) \\ C(青) \end{cases} \qquad B(青) \begin{cases} C(白) \\ C(黃) \end{cases}$$

六組。

Ｄ塗上紅色以外的顏色時，Ｄ和Ｂ可以分成相同的顏色或不同顏色的情形。顏色相同時，有關Ｂ和Ｃ方面：

$$B(白) \begin{cases} C(黃) \\ C(青) \end{cases} \qquad B(黃) \begin{cases} C(白) \\ C(青) \end{cases} \qquad B(青) \begin{cases} C(白) \\ C(黃) \end{cases}$$

有六組。Ｄ和Ｂ顏色不同時，

$$B(白) \begin{cases} \begin{cases} C(黃) \\ D(青) \end{cases} \\ \begin{cases} C(青) \\ D(黃) \end{cases} \end{cases} \quad B(黃) \begin{cases} \begin{cases} C(白) \\ D(青) \end{cases} \\ \begin{cases} C(青) \\ D(白) \end{cases} \end{cases} \quad B(青) \begin{cases} \begin{cases} C(白) \\ D(黃) \end{cases} \\ \begin{cases} C(黃) \\ D(白) \end{cases} \end{cases}$$

也是有六組。

如此，Ａ塗紅色時，塗法共有18組。而Ａ塗白、黃、青色時也是相同的想法，所以總共有72組（＝18×4）。

問題 72

　　整數遵循著某規則，如下圖所示，以填入○來表示，找到這個規則，在下面Ｂ圖的( )中填入整數。還有，爲了表示整數 100 ，應該將○填入哪裏好呢？

A圖

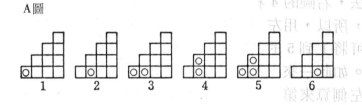

B圖

　　<說明>

　　如果仔細觀察Ａ圖的話，應該可以發現某種規則。這是觀察力和注意力的問題。

❧❧❧ ＜解答＞ ❧❧❧

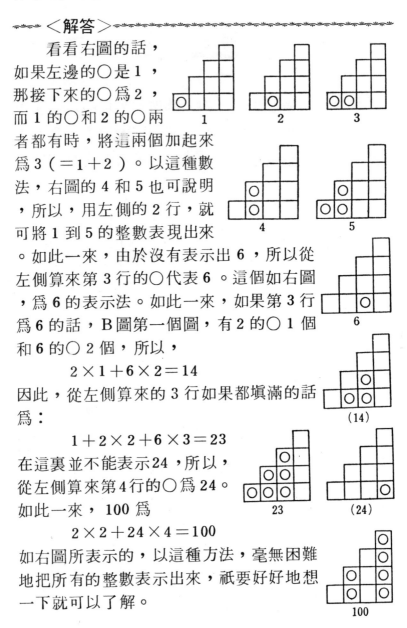

看看右圖的話，如果左邊的○是1，那接下來的○為2，而1的○和2的○兩者都有時，將這兩個加起來為3（＝1＋2）。以這種數法，右圖的4和5也可說明，所以，用左側的2行，就可將1到5的整數表現出來。如此一來，由於沒有表示出6，所以從左側算來第3行的○代表6。這個如右圖，為6的表示法。如此一來，如果第3行為6的話，B圖第一個圖，有2的○1個和6的○2個，所以，

$$2 \times 1 + 6 \times 2 = 14$$

因此，從左側算來的3行如果都填滿的話為：

$$1 + 2 \times 2 + 6 \times 3 = 23$$

在這裏並不能表示24，所以，從左側算來第4行的○為24。如此一來，100為

$$2 \times 2 + 24 \times 4 = 100$$

如右圖所表示的，以這種方法，毫無困難地把所有的整數表示出來，祇要好好地想一下就可以了解。

問題 73

A、B、C、D 4 人做 100 m 的競走。右表是 4 人順位的推想表，①為 B 的推想。如果調查一下競走完畢後的順位，4 人都離自己順位

	1 等	2 等	3 等	4 等
①	D	B	C	A
②	D	A	B	C
③	A	B	C	D
④	C	A	B	D

的預測有一段距離。而且，任何一個人都相當於從 1 等到 3 等的順位。相當於 4 等的人一個也沒有，相當於 3 等的人有 2 個。實際的順位和②、③、④相當於誰的預測呢？

<說明>

好好地推理，請配出實際的順位。是由誰預測的是之後的問題。

～～〈解答〉～～～～～～～～～～～～～～～～～～～

雖然相當於 4 等的人一個也沒有，①為 A、②為 C、③和④為 D 預測為 4 等。這些由於都和大家脫離，所以，不包含在裏面的 B 也是 4 等。如此一來，如果將 B 預測為 3 等的②和④就有誤了。由於之後的 2 人預測 C 為 3 等，所以相當於這兩人。

	1 等	2 等	3 等	4 等
①	D	B	C	A
②	D	A	B	C
③	A	B	C	D
④	C	A	B	D

如此一來，可以決定 C 為 3 等，而 B 為 4 等。

接下來，看①，預測 B 為 2 等。但是，由於①為 B 的預測，所以這個也不符合所求。所以，如果 A 不是 2 等的話，④會與所有的預測衝突。將④的預測和到此為止的結果比較一下的話，可以發現 C 不是 3 等，而 B 不是 4 等，而 D 也不是 1 等或 2 等。如此一來，A 為 2 等，剩下的 D 為 1 等。

接下來，調查是②、③、④誰的預測。看看②的預測的話，不符合的有 B 和 C。再者，看④的預測，僅 A 猜中。接下來，④沒有 A，①為 B、②為 C，所以④為 D。如此一來，剩下的③則決定為 A。

問題 74

有一長方形ＢＣ的長度是ＡＢ長度的２倍，如右圖所示。現在，點Ｐ依Ａ→Ｂ→Ｃ→Ｄ→Ａ的順序繞一周，在ＡＢ上以每秒２㎝，在

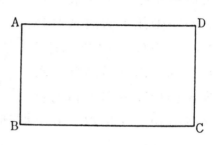

ＢＣ上以每秒４㎝，在ＣＤ上以每秒６㎝，在ＤＡ上以每秒８㎝的速度進行時，繞一周要花102秒，請問ＡＢ和ＢＣ的長度各自為多少呢？

＜說明＞

想定適當的長度，如果計算繞一周的時間，可以從這些加起來是102秒反過來算回去，就可得到正確的長度。

━━━<解答>━━━━

　　由於ＡＢ上、ＢＣ上、ＣＤ上、ＤＡ上的速度各自為每秒 2 *cm*、4 *cm*、6 *cm*、8 *cm*，考慮在這之中都可以被整除的數，最小為24*cm*。因此，假設ＡＢ為24*cm*，ＢＣ為48*cm*，試計算一周所需要的時間。首先，由於在ＡＢ上以每秒 2 *cm*的速度，所以，在其間所需的時間為：

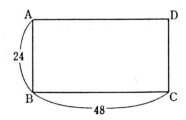

$$\frac{24}{2} = 12\,(秒)$$

接下來，ＢＣ上以每秒 4 *cm*的速度，所以，

$$\frac{48}{2} = 12\,(秒)$$

以相同的想法，ＣＤ上為

$$\frac{24}{6} = 4\,(秒)$$

ＤＡ上為：

$$\frac{48}{8} = 6\,(秒)$$

把這些時間加起來

$$12 + 12 + 4 + 6 = 34\,(秒)$$

所以，由於實際上花的時間為 102 秒，有必要將假設的長度全部 3 倍。（＝102÷34）。如此一來，ＡＢ的長度為72*cm*，ＢＣ的長度為 144 *cm*。

A和B利用右圖的階梯
，玩猜拳的遊戲。玩的方法
如下。首先，兩人都站在第
1個階梯，以石頭獲勝爬4
階，以剪刀獲勝的話爬5階
，以布獲勝爬6階，到第10

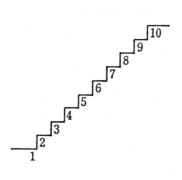

階就要往下降，而到第1階就要再往上昇。例如，開
始以石頭獲勝，接下來以布獲勝的話，就停在第9階
。

A要在第2階處停留的話，最少要獲勝幾次呢？
而且，如果3次的猜拳2人停留在同一階的話，是第
幾階呢？但是沒有平手的情況。

＜說明＞

調查具體的組合，就可以找到正確的答案。

＜解答＞

　　首先，考慮 A 在第 2 階處停下時的情況。如果祇玩 1 次猜拳不可能，所以應該是從 10 階再下來。所以，走動的階梯總計為，上去 9 階，下來 8 階，所以共有 17 階。將這個以 4 階、5 階、6 階的和來表示的話，

$$4＋4＋4＋5＝17$$
$$6＋6＋5＝17$$

為其中一個。所以，即便次數最少也要有 3 次的猜拳，所以還是以剪刀 1 次，以布 2 次獲勝時。

　　接下來，考慮 2 人在同 1 階停留時。猜拳是 3 次，所以不是 1 人勝 3 次，就是某人勝 2 次。1 人 3 次都獲勝時，已經有 1 人停在第 1 階上了。如此一來，3 次都勝的人上到第 10 階之後，又下階到第 1 階來。這時走動的階梯為 18 階

$$6＋6＋6＝18$$

所以，1 人以布連續勝 3 次的話，2 人都停留在第 1 階。

　　要是某人勝 2 次時，這個人移動的階數最少時為 8 階（停留在第 9 階），最多時為 12 階（停留在第 9 階）。而且，勝 1 次的人，最少時有 4 階（停留在第 5 階），最多時有 6 階（停留在第 7 階）。所以，2 人停留的階數一致時，1 人以布勝 2 次，另 1 人以布勝 1 次，這時 2 人都在第 7 階停留。

問題 76

有一縱 **16 m**，橫 **20 m** 的長方形土地。在這之中，有如下圖的花壇，在其周圍以寬 **1 m** 的道路圍起來

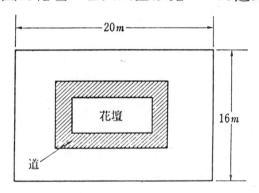

。花壇的形狀，為縱和橫的比例和原來土地的縱橫比例相同的長方形。調查時，除去道路土地的面積為 $262 m^2$，請求花壇周圍的長度和面積。

<說明>

這並不是個很難的問題。首先，求出道路的面積，接下來求出花壇的周圍。

～～～＜解答＞～～～～～～～～～～～～～～～～～～～

這個土地的全部面積爲：

$$16 \times 20 = 320 \, (m^2)$$

如此一來，由於除去道路土地的面積爲 $262 m^2$，所以，道路的面積爲：

$$320 - 262 = 58 \, (m^2)$$

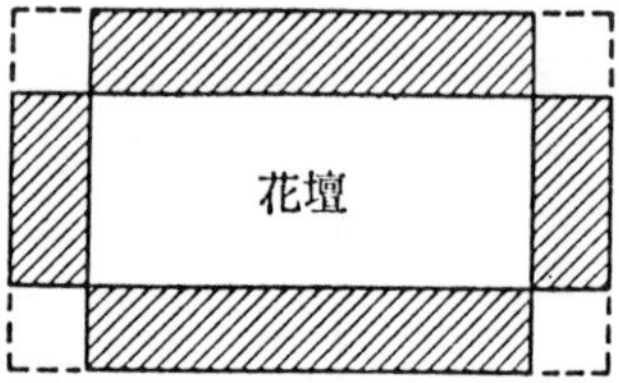

在這裏，如右圖，從道路的 4 個角取走 $1 m^2$ 的正方形，剩下的道路面積爲

$$58 - 1 \times 4 = 54 \, (m^2)$$

由於這條道路與花壇相連，所以，用道路寬度的 1 m 去除的話，花壇周圍的長度爲 $54 m$。

接下來，爲求出花壇的面積，以 2 去除周圍的長度，求出爲 $27 m$。這是花壇的縱和橫的長度和。因爲縱和橫的比例和原來土地的縱、橫比例相同之故。原來的土地縱和橫的比例爲：

$$16 : 20 = 4 : 5$$

所以縱的長度爲：

$$27 \times \frac{4}{4+5} = 12 \, (m)$$

橫的長度爲：

$$27 \times \frac{5}{4+5} = 15 \, (m)$$

所以，花壇的面積爲

$$12 \times 15 = 180 \, (m^2)$$

問題 77

　下面的圖表，是表示從Ａ站到Ｂ站行駛的特快列車和普通列車的時間和距離的關係，特快列車，在普通列車10分後，由Ａ站出發，超過在中途停車的普通列車，先到達Ｂ車站。

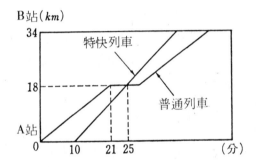

　特快列車從Ａ車站出發之後，幾分幾秒後到達Ｂ車站呢？再者，如果普通列車在特快列車到達18分20秒後抵達Ｂ站的話，在中途停車多少時間呢？

　　＜說明＞

　　試著仔細地讀圖。讀出圖意之後，再來就祇是普通的計算問題了。

～〈解答〉～

從 A 站出發的特快列車到追上普通列車，需要 15 分（＝25－10）。由於這之間的距離爲 18 km，特快列車每 1 分以：

$$18 \div 15 = 1.2 \, (km)$$

行駛。如此一來，由於從 A 車站到 B 車站的距離是 34 km，所以特快列車從 A 站出發之後到抵達 B 站要花

$$\frac{34}{1.2} = \frac{85}{3} = 28\frac{1}{3} \,(分)$$

這個意味著 28 分 20 秒後之意。

接下來，從 A 站出發的普通列車，花 21 分抵達途中的停車地點。這其間的距離是 18 km，所以，普通列車每分鐘以

$$\frac{18}{21} = \frac{6}{7} \, (km)$$

的速度前進。因此，要是在途中沒有停車的話，從 A 車站到 B 車站應行駛

$$34 \div \frac{6}{7} = \frac{119}{3} = 39\frac{2}{3} \,(分)$$

接下來，如果它在特快列車出發前 10 分鐘，由 A 站出發的話，在 B 車站應祇遲了

$$\left(39\frac{2}{3} - 10\right) - 28\frac{1}{3} = 1\frac{1}{3} \,(分)$$

所以，實際上是晚了 18 分 20 秒。這是由於在途中停了

$$18 分 20 秒 - 1 分 20 秒 = 17 分$$

的緣故。

問題 78

〔預測的投票數的比例〕

	Ａ地區	Ｂ地區	Ｃ地區	合　計
甲	60％	30％	55％	50％
乙	40％	70％	45％	50％

　　在由Ａ、Ｂ、Ｃ三個地區舉行的選舉中，甲和乙２人是候選人。這個表是有關各地區甲、乙各自被投票的比例和合計的比例。祇有Ｂ地區的預測不對，最後的結果是甲以 78400 票的差距當選。右圖的圖表是依Ａ、Ｂ、Ｃ的順序，開票時的得票數，Ｂ地區的開票在結束時，還有 63000 票的差距。請求出相當於圖表上①、②、③、④、⑤的數字。

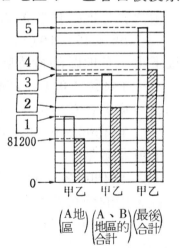

〈說明〉

　　請仔細地比較一下出題的內容和長形圖表。

～∽∽ ＜解答＞ ∽∽∽∽∽∽∽∽∽∽∽∽∽∽∽∽∽∽∽∽∽∽∽∽

在Ａ地區，甲、乙的得票率各自爲60％、40％
，由於乙的得票數爲81200票，所以甲的得票數爲：

$$81200 \times \frac{60}{40} = 121800 \, (\text{票})$$

再者，由於刻度是以20000票爲單位，所以在Ａ、Ｂ
兩地區的合計中，乙的得票數爲140000票。接下來，
這兩地區甲的合計得票數爲

$$140000 + 63000 = 203000 \, (\text{票})$$

另一方面，由於最後結果的得票數差爲78400票，所
以，僅在Ｃ地區的得票數差是

$$78400 - 63000 = 15400 \, (\text{票})$$

這相當於Ｃ地區投票數的

$$55 - 45 = 10 \, (\%)$$

接下來，Ｃ地區的投票數爲

$$15400 \div 0.1 = 154000 \, (\text{票})$$

如此一來，在Ｃ地區，甲的得票數爲：

$$154000 \times 0.55 = 84700 \, (\text{票})$$

乙的得票數是：

$$154000 \times 0.45 = 69300 \, (\text{票})$$

如此，甲的總得票數是：

$$203000 + 84700 = 287700 \, (\text{票})$$

乙的總得票數爲：

$$140000 + 69300 = 209300 \, (\text{票})$$

歸結以上所述，①爲121800，②爲140000，③
爲203000，④爲209300，⑤爲287700。

問題 79

1 邊長度為 10 *cm* 和 12 *cm* 的骰子，對齊左端如下圖並列。骰子上面的數目，任何一個都以

1，2，3，4，5，6，1，2，3，4，……

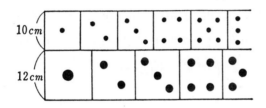

規則地反覆。

當 12 *cm* 的骰子在 6 之上時，10 *cm* 的骰子的 6 還未出現，請問以 12 *cm* 的骰子去數時，是從左端算來第幾個呢？

<說明>

問題本身雖不難，但如不用心思考卻很容易出錯。

＜解答＞

2 個骰子雖有如右圖所示的 3 組，但卻沒有正中的。由於 10 *cm* 和 12 *cm* 的差爲 2 *cm*，所以這個的倍數祇是相互的位置變動而已。

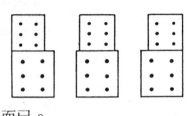

首先，如果將骰子的右端對齊的話，10 *cm* 骰子的右端從最初的長度以 60 *cm*， 120 *cm*， 180 *cm*，…，以每 60 *cm* 增加， 12 *cm* 骰子的右端爲 72 *cm*，144 *cm*，216 *cm*，…以每 72 *cm* 增加，所以調查兩方的長度一致時爲佳。這個爲：

$$60 = 12 \times 5 ， 72 = 12 \times 6$$

如果注意的話

$$12 \times 5 \times 6 = 360 \, (cm)$$

是最初的。如果以 12 *cm* 的骰子去想的話，相當於第 30 個（$= 360 \div 12$）。

如果將骰子的左端對齊的話，10 *cm* 的骰子的左端爲 50 *cm*，110 *cm*， 170 *cm*，…，以每 60 *cm* 增加；而 12 *cm* 骰子左端爲 60 *cm*， 132 *cm*， 204 *cm*，…，以每 72 *cm* 增加。這個差雖然應爲 60 *cm* 的倍數，但實際上計算它的差，最初的 5 個爲 10， 22（$= 10 + 12$）， 34（$= 10 + 24$）， 46（$= 10 + 36$）， 58（$= 10 + 48$）。之後，由於加上 60 的倍數，所以左端就無法對齊了。如此，答案就是第 30 個的骰子。

問題 80

　　如下圖所示，A、B、C、D 4個齒車相互咬合。A的齒數為48，和B咬合旋轉。B和C在同一個軸上，和C一起轉。而且，C的齒數是B齒數的4倍。D和C吻合轉動，A轉1次、D轉6次。試求D的齒數。

　　但是，圖所示齒車的齒數僅供說明用，並不正確。

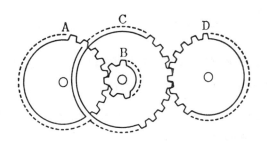

<說明>

　　齒車回轉的速度和齒數成反比。

〜〜〜〜〜〜〜〜〜〈解答〉〜〜〜〜〜〜〜〜〜〜〜〜〜〜〜〜〜〜

如果B的齒數不知道，可能無法解題，但也不必如此擔心。例如，如果B的齒數是16的話，和A齒數的比為：

$$\frac{48}{16} = 3$$

所以，B齒車以A 3倍的速度轉動。如此一來，C的齒車也以相同的速度轉動，而且齒車的數目為：

$$16 \times 4 = 64 \,(個)$$

接下來，由於D齒車以A的6倍的速度轉動，所以它是以C的2倍速度回轉，D的齒數為：

$$\frac{64}{2} = 32 \,(個)$$

這32個齒數，實際上即使B的齒數改變也相同。為了證明這一點，試將B的齒數視為6。如此一來，B齒車就以A的8倍（＝48÷6）轉動，而C齒車也以相同的速度轉動。由於C的齒數是24個（＝6×4），而D齒車以A的6倍速度轉動。所以，D的齒數為：

$$24 \div \frac{6}{8} = 32 \,(個)$$

由以上的計算可以知道B的齒數和D齒車的速度沒有關係。

問題 81

在這裏有 2 條線，從對齊的兩邊剪下相同的長度時，剩下長度的比為 2：1。而且，從剛才剪下的地方，再剪掉與剛剛剪掉相同的長度，剩下的長度比為 4：1。原本繩子的長度比是多少呢？

<說明>

從繩子的長度比為 4：1 最後的狀態，反過來思考。應該是非常簡單的問題。

＜解答＞

　　試作線的長度比爲４：１時最後的狀態和之前２
：１的狀態，如下圖所示。在這裏，上側爲最後的狀
態，下側爲之
前的狀態，點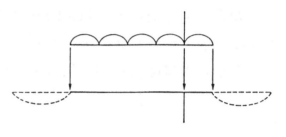
線的部分表示
從兩方的線上
剪下的部分。

　　現在，在上側最後的狀態中，試將較長的線視爲
４，較短的視爲１。如此一來，剪下來線的長度如果
是□的話，

　　　　　４＋□：１＋□＝２：１

試在□塡入１，２，３，祇有２成功。如此一來，便可
知在剪下之前的情況時，較長的線的長度爲６，較短
的爲３。所以，在最初的狀態時，祇要在各自的線上
加上２的長度就能還原了。所以，較長的線爲８，較
短的線是５。

　　到目前爲止的計算，是在長度比爲４：１最後的
狀態下，較短的線長度爲１時的值。如將這個改變一
下的話，最初的長度雖然有各種改變，但兩邊線的比
並不會改變，所以，在最初的狀態時，線長的比爲８
：５。

問題 82

　　有一長方形 ABCD 如下圖。點 P 從 A 往 B 的方向以每秒 2 cm，點 Q 從 C 往 D 的方向以每秒 3 cm 的速度，各自同時從 A、C 出發。PQ 要和邊 AD 平行，是出發後幾秒呢？再者要使梯形 APQD 和梯形 BPQC 的面積比為 5：7，是出發後幾秒後呢？

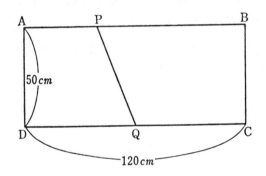

<說明>
　　問題的本質在哪裏能確實地發現非常重要，要是能做到的話，這就不是個很難的問題。

━━━━━ <解答> ━━━━━━━━━━━━━━━━━━━━━

　　所謂ＰＱ要和ＡＤ邊平行，就是點Ｑ從Ｂ往Ａ的方向出發時和Ｐ點相向，也就是等於這兩點重合的情況。由於兩點接近每秒 5 cm（＝

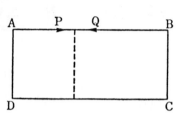

2 ＋ 3 ），所以如果距離 120 cm，出發之後要24秒（＝120÷5 ）後才相會。如此一來，24 秒後ＰＱ就會和ＡＤ邊平行。

　　梯形 APQD 和梯形 BPQC 的面積比爲 5 ：7 意味著，梯形 APQD 的面積是長方形 ABCD 的 $\frac{5}{12}\left(=\frac{5}{5+7}\right)$。由於高度都是50cm，所以這時梯形的上底和下底的和應爲：

$$AP＋QD＝120 \times 2\frac{5}{12}＝100\,(cm)$$

　　現在，考慮點 P 和點 Q 出發時，

　　AP＝0，QD＝120 (cm)

上底和下底的和是 120 cm。

這個要使它變成 100 cm，就

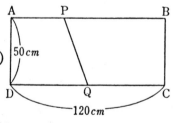

要短20cm（＝120－100 ）。所以，由於點 P 以每秒 2 cm 的速度，點 Q 以每秒 3 cm 的速度，所以AP＋QD以每秒 1 cm 的比例接近，要縮短 20 cm 需要 20 秒（＝20÷1 ）。所以，在出發 20 秒後，梯形APQD和梯形BPQC的面積比爲 5 ：7 。

問題 83

　　A、B、C、D 4 人接受○×式的考試，彼此互相交換看考試的結果。4 人如下表所示的○、×，結果 A 和 B 都是 70 分，C 為 60 分。從這個結果看來，D 是錯在哪幾題，還有他得幾分呢？

	第1題	第2題	第3題	第4題	第5題	第6題	第7題	第8題	第9題	第10題	分數
A	○	×	○	×	○	○	×	×	×	○	70
B	○	○	×	×	×	○	○	○	×	×	70
C	×	×	×	○	○	×	○	○	○	×	60
D	○	×	×	○	○	×	×	○	○	×	?

<說明>

　　這是一題決定要從何處下手的問題。要抓住正確的方針，就能順利地解題。

〜〜〜 ＜解答＞ 〜〜〜〜〜〜〜〜〜〜〜〜〜〜〜〜〜〜〜

　　由於A和B都答對 7 題，所以合計兩人答對14題。而兩人記號一致的有 4 題。這之中如果有錯誤的答案的話，記號一致時正確的答案總計在 6 題以下，記號不一致處總計正確答案為 6 題（＝10－4），兩者加起來也不足14題。所以，兩人記號一致處全部是正確的答案，第 1 題……○，第 4 題……×，第 6 題……○，第 9 題……×。

　　相同地，考慮A和C，B和C的話，由於任何一個正確答案的總計有13題，所以共通的正確答案至少應該有 3 題。所以，在任何情況下，記號一致的也祇有 3 題。因此，關於A和C

　　　　第 2 題……×，第 5 題……○，第 8 題……×，為正確答案，關於B和C

　　　　第 3 題……×，第 7 題……○，第 10 題……×為正確答案。因此，10 題所有的正確答案都出來了，D答錯第 4，6，7，8，9 題，得 50 分。

	第1題	第2題	第3題	第4題	第5題	第6題	第7題	第8題	第9題	第10題	分數
A	○	×	○	×	○	○	×	×	×	○	70
B	○	○	×	×	×	○	○	○	×	×	70
C	×	×	×	○	○	×	○	×	○	×	60
D	○	×	×	○	○	×	×	○	○	×	？ ⇨50分
正解	○	×	×	×	○	○	○	×	×	×	

問題 84

池的周圍有 1 條道路。A、B、C 3 人從相同的地點同時出發。A 和 B 往右轉，C 往左轉。A 以每分 80 m，B 以每分 65 m 的速度行走。C 在出發 20 分後和 A 碰面，之後 2 分後又和 B 碰面。請問池周為多少 m？

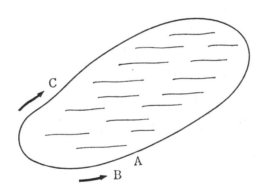

<說明>

　　這是一個相當難的問題。如果不求出 C 步行的速度，問題就無法解決。在這裏，以 A 和 C 相會時為基準去算較好。

<解答>

　　由於A以每分80m，B以每分65m的速度步行，所以A和B每分以15m的距離，拉開距離（＝80－65）。因此，A和C會面時，由於是2人出發後20分之後相會，所以B走在A的300 m之後。

　　在這2分後C和B相會表示，2人走向300 m的距離要花2分鐘。這個是每分鐘都接近150 m，如果以B每分65m的速度來想的話，C每分就是以85m（＝150－65）的速度行走。所以，C的步行速度已求出來了。

　　如果A以每分80m，C以每分85m的速度行走的話，2人相向行走時，每分以165 m（＝80＋85）相互接近。這2人在出發20分後相會，意味著

$$165 \times 20 = 3300$$

兩人合起來走了3300m。所以，這個長度就是池周的長度。

第六章
數的高級應用問題

難解數學破題

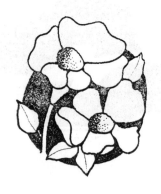

問題 85

　　A在非標準信封中放入旅遊的照片，寄給朋友B。秤過重量，也依郵寄物的收費表查出正確的費用，但不巧手邊只有40元和70元的郵票。而且，A雖然將這個郵票做各種不同的組合，但怎麼也不能組合成正確的費用。沒有辦法了，所以祇有多貼10元寄出。請問正確的費用是多少呢？但費用在140元以上。

＜說明＞

　　這是一個奇妙的問題。僅以這樣的條件是否能解題雖然可疑，但確實能順利解題。

～～～～＜解答＞～～～～～～～～～～～～～～

首先，將 40 元郵票和 70 元郵票做各種組合，看看有哪幾種情況。如此一來，會發現很有趣的事。不論何時的組合都在 180 圓以上。我們試考慮從 180 元到 210 元的組合。

$$180 = 40 \times 1 + 70 \times 2 （元）$$
$$190 = 40 \times 3 + 70 \times 1 （元）$$
$$200 = 40 \times 5 （元）$$
$$210 = 70 \times 3 （元）$$

如此一來，在這上面如果加上 40 元郵票一張的話就是從 220 元到 250 元，如果加上 40 元的郵票 2 張的話，就是從 260 元到 290 元。如此一來，從 180 元到 210 元的任何一個加上 40 元郵票的話，180 元以上的費用無論如何都可以，由此可以了解。

所以，如果調查關於 170 元以下的話，

$$140 = 70 \times 2$$
$$150 = 40 \times 2 + 70 \times 1$$
$$160 = 40 \times 4$$

這是從 140 元到 160 元的組合。但是，40 元和 70 元再怎麼組合，也不能組合 130 元和 170 元。由於我們知道費用在 140 元以上，所以正確的費用為 170 元。

看問題時即使認為不可思議，但試著做做看還是能決定 1 個答案。這是個非常妙的問題。

問題 86

　　右表是Ａ、Ｂ
、Ｃ、Ｄ 4 人的體

| kg | 35 | 39 | 44 | 45 | 50 | 54 |

重，以每兩人一組測定的結果。 4 人的體重以 kg 測定
時，所有都是整數。而且，Ａ是最輕的，接下來以Ｂ
、Ｃ、Ｄ的順序愈來愈重。請求出 4 人的體重。

＜說明＞

　　如果未找到解題之鑰，就會百思不解。有 6
個測定值，即使任何 2 個人，都有測定合計的體
重。

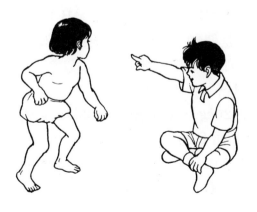

最輕的爲 $35kg$ ，所以 A 和 B 體重的合計，寫成：

　　　A＋B＝35（ kg ）

如此一來，接下來的 $39kg$ 爲 A 和 C 體重的合計，

　　　A＋C＝39（ kg ）

再者，最重的 $54kg$ 就是 C 和 D 的合計

　　　C＋D＝54（ kg ）

次重的 $50kg$ 爲 B 和 D 的合計

　　　B＋D＝50（ kg ）

所以，4 人體重的合計爲：

　　　A＋B＋C＋D＝35＋54＝39＋50＝89（ kg ）

但是，關於其中的 $44kg$ 和 $45kg$ ，還不知道是哪兩個的合計。現在，用 $39kg$ 減去 $35kg$ ，這是從 C 的體重減掉 B 體重的差：

　　　C－B＝4（ kg ）

所以，C 的體重僅比 B 的體重重 $4kg$ ，

　　　B＋C＝B＋（ B＋4 ）＝2×B＋4

由於這個值是偶數，所以在 $44kg$ 和 $45kg$ 之中，祇有 $44kg$ 符合。如此一來，由於

　　　2×B＋4＝44（ kg ）

B 的體重爲 $20kg$ ，C 的體重爲 $24kg$ 。所以，A 的體重爲 $15kg$ ，而 D 的體重爲 $30kg$ 。

　　這個問題中，其中的 $44kg$ 和 $45kg$ 的一個是偶數，另一個是奇數，所以可以順利地解決。

問題 87

在馬拉松賽跑中，A君以每秒 5 m 的速度，B君以每秒 4 m 的速度，從一開始就一直跑。途中，從相反方向以每秒10m的速度行駛而來的車子，在和A君錯過 2 分後，和B君錯身之過。請用車和A君錯身過時，A君和B君的差為多少m呢？再者，車子和B君錯身時，A君和B君的差距變為多少m呢？

<説明>
　由於這不是那麼困難，祇要冷靜地思考應該可以解求。但是如果思考的方向有誤的話，可能會很難下手。

～～～～＜解答＞～～～～～～～～～～～～～～～

　　車子和Ａ君錯身而過之後，車和Ｂ君是以相向的方向進行。因此，要是車以每秒10ｍ的速度，而Ｂ君以每秒4ｍ的速度，兩方間的距離就以每秒14ｍ（＝10＋4）縮短距離。以這個比例花2分鐘，表示其間的距離為：

$$14 \times 2 \times 60 = 1680 (m)$$

如此一來，車和Ａ君錯身而過時，Ｂ君還在Ａ君1680ｍ之後跑。

　　車和Ａ君錯身而過之後，到和Ｂ君相碰頭要花2分（120秒）。由於Ａ君每秒以5ｍ的速度，而Ｂ君以每秒4ｍ的速度，所以，2人間的距離以每秒1ｍ（＝5－4）的速度漸漸拉開距離，所以，120秒就離了120ｍ。所以，車和Ａ君錯身而過時，Ａ君和Ｂ君間的距離為1680ｍ。如果加上120ｍ，就是：

$$1680 + 120 = 1800 (m)$$

如此，車和Ｂ君錯身而過時，Ａ君先走了1800ｍ。

　　雖然讀解說就可理解，但是還是必須仔細思考。

問題88

　　在有上段、中段、下段的書架上，總共有 150 本書。從上段搬18本書到下段，從中段拿走 $\frac{1}{5}$ 的書時，上段和中段的書數就相等了，而下段的冊數是上段書數的 1.5 倍。請問剛開始上、中、下各段上，各自有幾冊書呢？

<說明>

　　從中段拿走 $\frac{1}{5}$ 的書時，這 $\frac{1}{5}$ 是幾本書呢？這是解題的關鍵。

━━━ ＜解答＞━━━━━━━━━━━━━━━━━━━━

在移動書之後最後的狀態時，上段和中段書的册數相等，而下段的書爲其 1.5 倍。因此，如果以移動後的中段的書作爲基準，在全部來說是其 3.5 倍（＝1＋1＋1.5）。因此，由於從中段取走 $\frac{1}{5}$ 的書，所以，中段最初的書是其：

$$1 \div \left(1 - \frac{1}{5}\right) = \frac{5}{4} = 1.25 \text{（倍）}$$

如此，將中段的 1 換成 1.25 的話，最初所有的書爲移動後中段書的

$$1 + 1.25 + 1.5 = 3.75 \text{（倍）}$$

由於這是 150 册，移動後中段的書數爲：

$$40 \div \frac{4}{5} = 50 \text{（册）}$$

如此一來，取走的書爲 10 册。

所以，移動後上段的書也是 40 册，將 18 册移動下段前爲 58 册（＝40＋18）。再者，移動後下段的書有：

$$40 \times 1.5 = 60 \text{（册）}$$

所以剛開始下段有 42 册（＝68－18）。所以，開始時上段有 58 册書，中段有 50 册書，而下段有 42 册書。

問題 89

在這裏，有裝金幣的袋子 5 個。其中有 2 個袋子完全是偽鈔。眞鈔和假鈔雖然用眼睛分辨不出來，但一秤還是有所不同。眞鈔 1 個是 $50g$ ，而假鈔 1 個是 $49g$ 。請問從各個袋中各取出多少金幣去秤，就可以一次就識出 2 個偽鈔袋呢？金幣雖然幾個都無所謂，但儘可能以個數愈少爲佳。

（想定問題）

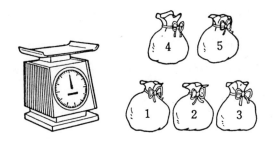

<說明>

　　從各自的袋中取出金幣的個數如不同，任 2 個袋子的偽幣，合計的重量也會完全不一樣。

~~~~ <解答> ~~~~~~~~~~~~~~~~~~~~~~~~~~~~~~

　　為儘量使金幣少，決定不從第 1 袋取出金幣。接下來，從第 2 袋取出 1 個，第 3 袋中取出 2 個去秤。如此一來，就不能從第 4 袋中取出 3 個。這是因為當第 1 袋和第 4 袋是偽幣和，第 2 袋和第 3 袋是偽幣時，任何一個都有 3 個偽幣去秤。所以，從第 4 袋中取出 4 個金幣。所以，從第 5 袋取出 5 個金幣時，如果第 1 袋和第 5 袋是偽幣和，第 2 袋和第 4 袋是偽幣時，任何一項都有 5 個偽幣去秤。再者，從第 5 袋取出 6 個金幣時，如果第 1 袋和第 5 袋是偽幣和，第 3 和第 4 袋是偽幣時，任何一項都有 6 個偽幣的金幣。所以，應從第 5 袋中取出 7 個金幣。

　　如果依照上面的秤法，根據任 2 袋是偽幣的情況，合計的重量如表所示完全改變。

偽幣的 錢　袋	1 和 2	1 和 3	1 和 4	1 和 5	2 和 3	2 和 4	2 和 5	3 和 4	3 和 5	4 和 5
合計的 重量(g)	699	698	696	693	697	695	692	694	691	689

　　再者，比這個更少的金幣無法辨出真偽的原因，從上面說明中可以明瞭。

問題 90

　　在某中學的桌球部，現在有幾打的乒乓球。這個預定從 4 月份開始每個月使用30個，新的球也同樣在每月月初時買是相同的個數。照這樣的話，預定剛好在翌年的 3 月末把球用光。

　　所以，實際上由於每月使用39個，所以在今年的11月末剛好購置的球用光了。請問最初在桌球部有幾打球？而且每月要買幾個才夠用呢？

　　<說明>
　　首先要求出在桌球部所有的球數。這對於求超過預定使用個數的工作有很大的幫助。

＜解答＞

如果每月使用 30 個時卻用掉 39 個的話，1 個月就超出 9 個（＝39－30）。由於這是從今年的 4 月持續到11月 8 個月的時間，合計的超出量爲72個（＝9×8）。這 72 球本來應該是從今年的12月到翌年 3 月爲止，4 個月間所用的球。所以，1 個月18個（＝72÷4 ）是最初使用桌球部的球時的預定。這個12個月份合計的個數爲：

$$18 \times 12 = 216（個）$$

1 打是 12 個的話，這就是 18 打。

另一方面，如果以每月30個的比例用球的話，在 12 個月內，應該是用了 360 個（＝30×12）。其中的 216 個由於是一開始就有的，所以在 12個月內加買的球的總數爲：

$$360 - 216 = 144（個）$$

所以，在每月月初，加買的球數爲：

$$144 \div 12 = 12（個）$$

在這個問題中，著眼於每月超過的個數非常重要，這一點是解題的關鍵。

問題 91

　　在某入場券販賣處的窗口，發賣前就形成購買入場券的行列，在開始販賣時有40人。由於販賣後也以一定的比例聚集購買的人，因此在1個窗口，到這個行列消失要花10分。再者，如果窗口有2個的話，這個行列祇要4分就不見了。如果窗口為3個的話，這個行例需要幾分才會消失呢？但在窗口賣入場券的時間，任何人都相同。

<說明>

　　在1個窗口，1分鐘賣出幾張入場券呢？這個張數從窗口1和2個的情況來看，有求出的必要。

～～～〈解答〉～～～～～～～～～～

窗口祇有 1 個時， 40 人的行列要 10 分才能排完，以 1 分鐘 4 個人（＝40÷10）的比例減少。如果窗口有 2 個的話，在各自的窗口，就受理40人的一半20人。由於這是 4 分鐘就排完，所以 1 分以 5 人（＝20÷4）的比例減少。減少的人數從 4 人增加到 5 人，是因爲窗口變爲 2 個的話，在開始販賣後僅受理聚集在窗口前一半的人之故。也就是說， 1 分鐘裏聚集在窗口的人數的 1 半爲 1 人（＝5－4），所以在這個窗口每 1 分以 2 人的比例陸續有人來。所以，在 1 個窗口時， 1 分鐘賣 6 張（＝4＋2）入場券。

試實際地確認以上的結果。窗口祇有 1 個時，10分間有 20 人（＝2×10）到窗口來，如果加上販賣前 40 人的話，全部有 60 人。這個如果以每 1 分賣 6 個人的比例去賣的話，剛好 10 分（＝60÷6）就沒有了。窗口有 2 個時，在 4 分間有 8 人來到窗口，加上販賣前的 40 人，全部有 48 人。這個如果以 1 分鐘12個人（＝6×2）的比例去賣的話，剛好 4 分就沒有了。（＝48÷12）。

如果窗口有 3 個， 1 分鐘就以18人（＝6×3）的比例販賣。由於其中 2 人是開始販賣後才來的，所以 40 人的行列 1 分以 16 人（＝18－2）的比例減少。因此，40 人的行列需要

$$40÷16＝2.5（分）$$

就會消失。

問題 92

　　A君為了參加運動會，上午8時30分就從家裏出發，以每分50 m 的速度步行，預定在開會時10分以前到達會場。但是，走到距離家裏 400 m 處想起來忘了東西，於是以每分80 m 的速度往回走。找遺忘的東西雖然花了 5 分鐘，但這次以每分75 m 的速度步行，所以在開會的 2 分前抵達會場。

　　請求出家與會場間的距離和開會時刻。

<說明>

　　由於出題的內容相當雜亂，所以整理內容是相當重要的。暫且，由於遺忘的東西所花費的時間來考慮。

～～～ ＜解答＞ ～～～～～～～～～～～～～～～～～～～

　　由於忘了東西，多餘使用的時間，從家裡走到 $400\,m$ 處花了 5 分（＝400÷50），在從這裏走回家花了 5 分（＝400÷80），在家找東西花了 5 分，這 3 個總計爲 18 分（＝8＋5＋5），然後再從家裡出發。

　　另一方面，依照最初的預定是要在開會前10分到達會場的。但由於實際上是 2 分前到達，所以比預定的時間晚 8 分（＝10－2）。所以，雖然遲了18分才從家裡出發，但僅遲到 8 分，就是因爲步行速度從每分 $50\,m$ 變成每分 $75\,m$ 之故。也就是說，步行速度加快，所以節省了10分。

　　所以，如果以每分 $50m$ 的速度步行，前進 $1\,m$ 要花 $\frac{1}{50}$ 分。如果將它變成每分 $75m$ 的速度，前進 $1\,m$ 祇要花 $\frac{1}{75}$ 分。因此，步行速度從每分 $50\,m$ 加速到每分 $75\,m$ 時，每走 $1\,m$，節省

$$\frac{1}{50} - \frac{1}{75} = \frac{1}{150} \text{（分）}$$

以這個比例，節省10分的話，步行的距離爲 $1500\,m$（＝$10 \div \frac{1}{150}$）。如此一來，從 A 君的家到會場的距離爲 $1500\,m$。所以，依最初的預定在 8 時 30 分從家裡出來，走 $1500\,m$ 花了 30 分（＝1500÷50），應該在 10 分前到達會場，所以開會時刻是 9 時 10 分。

問題 93

　　甲所有的錢和乙所有的錢的比是 3：2。現在，從同一天開始甲每天花 60 元，而乙每天花 50 元，乙的零用錢剛好用完時，甲的零用錢還剩 90 元，請問甲和乙的零用錢各自為多少呢？

　　＜說明＞

　　由於祇知道兩人零用錢的比，所以無法抓到解題的關鍵。但是，如果想到好的方法，這是題非常簡單的問題。

〜〜〜 ＜解答＞ 〜〜〜〜〜〜〜〜〜〜〜〜〜〜〜〜〜〜〜〜〜

改變使用的金額試試看，甲爲每天75元，乙爲每天50元。這個比爲

$$75：50＝3：2$$

所以，這和甲和乙的零用錢比相同。所以，乙剛好用完零用錢時，甲應該也剛好用完零用錢。

但是，甲實際上使用的錢爲每天60元。這個和每天用75元時比較起來，還省了15元。將這筆節省下來的錢依次加起來，乙剛好用完零用錢時，甲應該還有90元。所以，到乙用完錢的天數爲：

$$90÷15＝6（日）$$

因此，乙最初的金額爲：

$$50×6＝300（元）$$

由於甲最初的零用錢是乙的 $\frac{3}{2}$ 倍，所以：

$$300×\frac{3}{2}＝450（元）$$

在這個問題中，想定甲每天使用75元，就可以很輕鬆地解題。

問題 94

今天是令人期待的遠足。參加遠足的學生每人要繳1700元的費用，但爲了那些擔心孩子的父母，也准許他們特別參加遠足，但父親要交3500元，母親要交3000元，因此，參加遠足的總人數有50人，參加費用總計剛好是10萬元。在50人中，付錢的父親和母親，各自有幾人呢？

＜說明＞

祇有這些條件雖然還是不足，但答案卻是顯而易見。首先，從要是參加的50人都是學生，那費用是多少這一點下手。

~~~~~~<解答>~~~~~~~~~~~~~~~~~~

　　如果 50 人全部是學生，學生的費用是每人 1700
元，所以合計的費用為：

$$1700 \times 50 = 85000 \,(\text{元})$$

由於這不是 10 萬元，所以差額為 15000 元應該是由父
親、母親出的。如果父親參加的話，剩下的費用為

$$3500 - 1700 = 1800 \,(\text{元})$$

如果是母親參加的話，剩下的費用為：

$$3000 - 1700 = 1300 \,(\text{元})$$

因此，如果加上 1800 元的幾倍和 1300 元的幾倍剛好
是 15000 元，那就是答案了。

　　所以，例如父親有 2 人的話，

$$15000 - 1800 \times 2 = 11400 \,(\text{元})$$

應該是母親出的。但是 11400 元用 1300 元去除並不能
整除，所以並不是父親 2 人。以相同的方法，父親依
0 人、1 人、2 人、3 人依次增加的話，

父親的人數	0	1	2	3	4	5	6	7	8
父親的參加費	0	1800	3600	5400	7200	9000	10800	12600	14400
從 15000 元剩下的錢	15000	13200	11400	9600	7800	6000	4200	2400	600
是否能被 13000 元整除	×	×	×	×	○	×	×	×	×
母親的人數					6				

祇有在父親 4 人時，才是正確的答案，而這時母親有
6 人。

問題 95

A 1 分鐘洗 3 個盤子，B 1 分能洗 2 個盤子。而且，如果換成洗杯子的話，A 1 分洗 9 個杯子，而 B 1 分能洗 7 個杯子。

在這裏，有髒的盤子和杯子總共有 134 個。2 人一起洗，20 分就全部洗完了。請問盤子和杯子各有幾個呢？

<說明>

這是相當難的問題，僅以出問題的條件來看是否能解題雖有稍許不安，但祇要找對方向還是能解。

～～～＜解答＞～～～～～～～～～～～～～～～～～～

A和B任何一個人如果祇洗盤子的話，A 1分洗3個B 1分洗 2 個，所以20分洗：

（ 3＋2 ）×20＝100 (個)

這個由於少34個(＝134－100)，所以這應該以杯子補上來。如果換成洗杯子的話，A的情況是1分洗6個(＝9－3)，而B是 5 個。所以，如果A洗杯子的時間為□分，B洗杯子的時間為△分的話，

□× 6＋△×5＝34

在這個□中，依序填入 0、1、2、……順序的整數的話，

□	0	1	2	3	4	5
△	6	5	4	3	2	0
剩	4	3	2	1	0	4

祇有當□為 4時沒有剩下。

所以，A僅用 4 分洗杯子，而B僅用 2 分洗杯子。所以，杯子的個數為：

9×4＋7×2＝50 (個)

盤子的個數為：

3×16＋2×18＝84 (個)

在這個問題中，答案祇有 1 個，這是它有趣之處。

問題 96

A站和B站之間為100 *km*，電車的路線和巴士的路線平行行駛。李君搭巴士從A站出發，而宋君在1小時後搭電車由A站出發時，2人同時到達B站。巴士最初以時速 50 *km* 前進，在途中改乘時速 40 *km* 的 speed tower。電車以時速 80 *km* 行駛，在途中僅停車10分。巴士變成 speed power 時，是從A站出發後幾分後呢？

＜說明＞

首先，針對電車考慮。接下來，應該是對於巴士的條件的提出。

由於電車的時速為 $80\,km$，在途中如果沒有停車，從 A 站到 B 站要花75分$\left(=\dfrac{100}{80}\times 60\right)$。由於在途中停留 10 分，所以實際上花了 85 分。

由於巴士比電車早 1 小時從 A 站出發，所以到 B 站的時間為 145 分（＝85＋60）。現在，如果巴士從一開始就以 40 km 的時速持續往 B 站行駛的話，從 A 站到 B 站的時間要 150 分$\left(=\dfrac{100}{40}\times 60\right)$。這個之所以能在 145 分走完，是因為最初是以時速 $50\,km$ 行駛。時速 $50\,km$ 的巴士，前進 $1\,km$ 要花 $\dfrac{6}{5}$ 分 $\left(=\dfrac{1}{50}\times 60\right)$，時速 $40\,km$ 的巴士要花：

$$\frac{1}{40}\times 60=\frac{3}{2}\text{（分）}$$

因此，每 $1\,km$ 就有

$$\frac{3}{2}-\frac{6}{5}=\frac{3}{10}\text{（分）}$$

的差距。而 5 分（＝150－145）的差是從 A 站以 50 km 的時速行駛到

$$5\div\frac{3}{10}=16\frac{2}{3}\ (km)$$

處，這個是在從 A 站出發之後

$$16\frac{2}{3}\div\frac{50}{60}=20\text{（分）後}$$

問題 97

5g、10g、20g 三種秤砣，加起來共有19個，其重量合計為250g。現在，如果將 5g 和 20g 的秤砣的個數換過來，重量就減至 190g ，請求出 3 種秤砣各自的個數。

<說明>

　　僅以這樣的條件，可能無法決定各自秤砣的個數。但如能克服這些，就可以體會到這個問題的有趣之處。

~~~~ **＜解答＞** ~~~~~~~~~~~~~~~~~~~~~

如果 $20g$ 的秤砣與 $5g$ 的秤砣多 1 個的話，$5g$ 和 $20g$ 秤砣的個數對換時，總計的重量祇少了 $15g$（$=20-5$），但實際上卻減少了 $60g$（$=250-190$）。所以， $20g$ 的秤砣比 $5g$ 的秤砣多 4 個（$=60\div15$）。

接下來，將 $5g$ 和 $20g$ 的秤砣視爲相同，看看是否會使問題簡化。在這裏，將 $20g$ 的秤砣僅減少 4 個爲佳。依此，總計的重量爲：

$$250-4\times20=170(g)$$

的同時，秤砣的個數爲 15 個。這時，如果全部 15 個都是 $10g$ 的秤砣的話，應該是 $150g$。但卻爲 $170g$，這是因爲雜有 $5g$ 和 $20g$ 秤砣之故。

如果不是 $10g$ 的秤砣 2 個，而是雜有 $5g$ 和 $20g$ 的秤砣各 1 個的話，僅重

$$(5+20)-2\times10=5(g)$$

但是，實際上，由於重了

$$170-150=20(g)$$

所以， $5g$ 和 $20g$ 的秤砣各自有

$$20\div5=4(個)$$

因此， $10g$ 的秤砣有：

$$15-2\times4=7(個)$$

所以，在 $20g$ 的秤砣還未減少最初的狀況下，$5g$ 的秤砣有 4 個，$10g$ 的秤砣有 7 個，$20g$ 的秤砣有 8 個。

問題98

在Ｋ家中，飼有文鳥和十姊妹總共15隻。某日，在飼料盒中裝滿飼料，在 6 天間就空了。之後，由於十姊妹多了 1 隻，飼料盒裏裝滿的飼料，每天要飼料箱的 $\frac{1}{16}$ 的量才夠。如此一來， 9 天飼料盒就剛好空了。

文鳥一天吃的飼料是十姊妹的 2 倍，如果兩方一天都吃一定量的飼料，請問在籠裏有文鳥幾隻呢？

＜說明＞

要從那裏下手，需要好好地思考。飼料盒中沒有飼料時是重點所在。

~~~<解答>~~~

我們試把飼料盒裏裝滿時的飼料量當作1。如此一來，在十姊妹增加 1 隻之前，由於 6 天飼料就空了，所以，一天的食量為 $\frac{1}{6}$（$=1\div6$）。十姊妹多了 1 隻後，9 天裏吃的飼料量為

$$1+\frac{1}{16}\times9=\frac{25}{16}$$

所以一天所吃的飼料量為 $\frac{25}{144}\left(=\frac{25}{16}\div9\right)$。這個和 $\frac{1}{6}$ 的差是因為十姊妹增加 1 隻的緣故。1 隻十姊妹 1 天的食量為：

$$\frac{25}{144}-\frac{1}{6}=\frac{1}{144}$$

接下來，求在 15 隻中有幾隻文鳥。如果 15 隻都是十姊妹的話，1 天的食量是：

$$\frac{1}{144}\times15=\frac{5}{48}$$

所以：

$$\frac{1}{6}-\frac{5}{48}=\frac{1}{16}$$

由於有文鳥之故，因此文鳥比十姊妹 1 天僅多吃 $\frac{1}{144}$，所以文鳥有：

$$\frac{1}{16}\div\frac{1}{144}=9\,(隻)$$

問題 99

　　A、B、C 3 人到山上去撿栗子，A 撿了 116 個，B 撿了 112 個，而 C 撿了 96 個栗子。在回家的路上，首先某人把自己栗子的 $\frac{1}{4}$ 給了某人，接下來，由某人把自己栗子的 $\frac{1}{4}$ 給了某人，最後，某人也把自己栗子的 $\frac{1}{4}$ 給某人。如此一來，3 人的栗子數就完全相同了。這到底是如何分法呢？

　　〈說明〉

　　由相同數目最後的結果，往前想是非常重要的。雖說如此，這確實是題相當難的問題。

〜〜〜〜〜＜解答〉〜〜〜〜〜〜〜〜〜〜〜〜〜〜〜〜〜〜〜〜

3 人所有的栗子總計爲：

116＋112＋96＝324（個）

所以，3 個人最後都有 108 個（＝324÷3）栗子。這

是由於每個人都給另一個人自己栗子的 $\frac{1}{4}$ 之故，但在

還未給之前應該有 144 個 $\left(=108\div\frac{3}{4}\right)$。由於給的個數

爲 36 個（＝144－108），所以那個人在拿之前有 72 個

（＝108－36）。如此一來，在祇有自己的栗子的情況

下，3 人所有的栗子的個數依多少排列的話爲 144 個

、108 個、72 個。

另一方面，最初如果 A 給 B $\frac{1}{4}$ 的話，A 是 87 個

$\left(=116\times\frac{3}{4}\right)$，B 爲 141 個 $\left(=112+116\times\frac{1}{4}\right)$，而給 C 的

話 A 就有 87 個、C 有 125 個 $\left(=96+116\times\frac{1}{4}\right)$。利用相

同的計算，如果最初 B 給 A 的話，B 爲 84 個，A 爲

144 個，給 C 的話 B 有 84 個，C 有 124 個。而且，最

初如果 C 給 A 的話，C 有 72 個，A 有 140 個；給 B 的

話 C 有 72 個，B 有 136 個。這之中，祇有 144 個、

108 個、72 個任何一個都相通，所以僅有 B 給 A 或 C

給 A 或 B 時成立。

所以，以相同的方法去調查各個情況的話，僅有

B 給 A，接著是 C 給 B 時，才能達到 144 個、108 個

、72 個的狀態。所以，最初是 B 給 A $\frac{1}{4}$，接下來是 C

把 $\frac{1}{4}$ 給 B，最後是 A 把 $\frac{1}{4}$ 給 C。

問題 100

在 A 和 B 2 個箱子中放入白石和黑石。在 A 中放入 2700 個，其中三成是黑石。在 B 中放入 1200 個，之中有九成是黑石。現在，從 B 中移一些石頭到 A，結果發現在 A 中黑石變成四成，而 B 中的黑石還是九成。請問從 B 中移到 A 的黑石和白石，各自為多少呢？

＜說明＞

這是相當難的問題。如能不利用代數就能解題，需要有相當的功力才能辦到。試試去解有錯誤重新再來雖然沒關係，但最好是一口氣把這題解開。

〰〰 ＜解答＞〰〰〰〰〰〰〰〰〰〰〰〰〰

在 A 中黑石的個數有 810 個（＝2700×0.3）。這由於是全部的四成，所以白石的個數為：

$$810 \times \frac{0.6}{0.4} = 1215 \, (個)$$

但是，由於 A 之中白石的個數為：

$$2700 \times (1-0.3) = 1890 \, (個)$$

所以，剩下的白石有：

$$1890 - 1215 = 675 \, (個)$$

因此，將 B 中的黑石和白石和 675 個白石混合，黑石就變成四成。

但是，B 中黑石的比例，在一部分移到 A 之後仍是九成。所以，移動的石子中黑石的比例也是九成。所以，以白石 1 個、黑石 9 個的比例，把石子移給 A。這由於和 675 個白石混合，所以僅有黑石從 B 中移出。現在，如果移走黑石 9 個和白石 1 個的話，這個黑石由於是全部的四成，所以，白石全部有：

$$9 \times \frac{0.6}{0.4} = 13.5 \, (個)$$

之中的 1 個由於是移動白石，所以剩下的 12.5 個（＝13.5－1）要從 675 個白石裏補充，由於每 9 個黑石補充 12.5 個白石，相當於 675 個所有補充的石子，可以了解從 B 移往 A 的黑石是：

$$9 \times \frac{675}{12.5} = 486 \, (個)$$

這時，從 B 移往 A 的白石個數有 54 個（＝486÷9）。

大展出版社有限公司
品冠文化出版社

圖書目錄

地址：台北市北投區(石牌)　　電話：(02)28236031
　　　致遠一路二段 12 巷 1 號　　　　　28236033
郵撥：01669551＜大展＞　　　傳真：(02)28272069

・少年偵探・ 品冠編號 66

1.	怪盜二十面相	（精）	江戶川亂步著	特價 189 元
2.	少年偵探團	（精）	江戶川亂步著	特價 189 元
3.	妖怪博士	（精）	江戶川亂步著	特價 189 元
4.	大金塊	（精）	江戶川亂步著	特價 230 元
5.	青銅魔人	（精）	江戶川亂步著	特價 230 元
6.	地底魔術王	（精）	江戶川亂步著	特價 230 元
7.	透明怪人	（精）	江戶川亂步著	特價 230 元
8.	怪人四十面相	（精）	江戶川亂步著	特價 230 元
9.	宇宙怪人	（精）	江戶川亂步著	特價 230 元
10.	恐怖的鐵塔王國	（精）	江戶川亂步著	特價 230 元
11.	灰色巨人	（精）	江戶川亂步著	特價 230 元
12.	海底魔術師	（精）	江戶川亂步著	特價 230 元
13.	黃金豹	（精）	江戶川亂步著	特價 230 元
14.	魔法博士	（精）	江戶川亂步著	特價 230 元
15.	馬戲怪人	（精）	江戶川亂步著	特價 230 元
16.	魔人銅鑼	（精）	江戶川亂步著	特價 230 元
17.	魔法人偶	（精）	江戶川亂步著	特價 230 元
18.	奇面城的秘密	（精）	江戶川亂步著	特價 230 元
19.	夜光人	（精）	江戶川亂步著	
20.	塔上的魔術師	（精）	江戶川亂步著	
21.	鐵人Q	（精）	江戶川亂步著	
22.	假面恐怖王	（精）	江戶川亂步著	
23.	電人M	（精）	江戶川亂步著	
24.	二十面相的詛咒	（精）	江戶川亂步著	
25.	飛天二十面相	（精）	江戶川亂步著	
26.	黃金怪獸	（精）	江戶川亂步著	

・生 活 廣 場・ 品冠編號 61 ・

1.	366 天誕生星		李芳黛譯	280 元
2.	366 天誕生花與誕生石		李芳黛譯	280 元

・女醫師系列・ 品冠編號 62

・傳統民俗療法・ 品冠編號 63

・彩色圖解保健・品冠編號 64

1.	瘦身	主婦之友社	300 元
2.	腰痛	主婦之友社	300 元
3.	肩膀痠痛	主婦之友社	300 元
4.	腰、膝、腳的疼痛	主婦之友社	300 元
5.	壓力、精神疲勞	主婦之友社	300 元
6.	眼睛疲勞、視力減退	主婦之友社	300 元

・心 想 事 成・品冠編號 65

1.	魔法愛情點心	結城莫拉著	120 元
2.	可愛手工飾品	結城莫拉著	120 元
3.	可愛打扮 & 髮型	結城莫拉著	120 元
4.	撲克牌算命	結城莫拉著	120 元

・熱 門 新 知・品冠編號 67

1.	圖解基因與 DNA　（精）	中原英臣 主編	230 元

法律專欄連載・大展編號 58

台大法學院　　　　　法律學系／策劃
　　　　　　　　　　法律服務社／編著

1.	別讓您的權利睡著了(1)	200 元
2.	別讓您的權利睡著了(2)	200 元

・名 師 出 高 徒・大展編號 111

1.	武術基本功與基本動作	劉玉萍編著	200 元
2.	長拳入門與精進	吳彬　等著	220 元
3.	劍術刀術入門與精進	楊柏龍等著	220 元
4.	棍術、槍術入門與精進	邱丕相編著	220 元
5.	南拳入門與精進	朱瑞琪編著	220 元
6.	散手入門與精進	張　山等著	220 元
7.	太極拳入門與精進	李德印編著	280 元
8.	太極推手入門與精進	田金龍編著	220 元

・實 用 武 術 技 擊・大展編號 112

1.	實用自衛拳法	溫佐惠著	250 元
2.	搏擊術精選	陳清山等著	220 元

11. 性格測驗　敲開內心玄機　　　　　　淺野八郎著　140元
12. 性格測驗　透視你的未來　　　　　　淺野八郎著　160元
13. 血型與你的一生　　　　　　　　　　淺野八郎著　160元
14. 趣味推理遊戲　　　　　　　　　　　淺野八郎著　160元
15. 行為語言解析　　　　　　　　　　　淺野八郎著　160元

・婦 幼 天 地・大展編號 16

1. 八萬人減肥成果　　　　　　　　　　黃靜香譯　180元
2. 三分鐘減肥體操　　　　　　　　　　楊鴻儒譯　150元
3. 窈窕淑女美髮秘訣　　　　　　　　　柯素娥譯　130元
4. 使妳更迷人　　　　　　　　　　　　成　玉譯　130元
5. 女性的更年期　　　　　　　　　　　官舒妍編譯　160元
6. 胎內育兒法　　　　　　　　　　　　李玉瓊編譯　150元
7. 早產兒袋鼠式護理　　　　　　　　　唐岱蘭譯　200元
8. 初次懷孕與生產　　　　　　　　婦幼天地編譯組　180元
9. 初次育兒 12 個月　　　　　　　　婦幼天地編譯組　180元
10. 斷乳食與幼兒食　　　　　　　　婦幼天地編譯組　180元
11. 培養幼兒能力與性向　　　　　　婦幼天地編譯組　180元
12. 培養幼兒創造力的玩具與遊戲　　婦幼天地編譯組　180元
13. 幼兒的症狀與疾病　　　　　　　婦幼天地編譯組　180元
14. 腿部苗條健美法　　　　　　　　婦幼天地編譯組　180元
15. 女性腰痛別忽視　　　　　　　　婦幼天地編譯組　150元
16. 舒展身心體操術　　　　　　　　　　李玉瓊編譯　130元
17. 三分鐘臉部體操　　　　　　　　　　趙薇妮著　160元
18. 生動的笑容表情術　　　　　　　　　趙薇妮著　160元
19. 心曠神怡減肥法　　　　　　　　　　川津祐介著　130元
20. 內衣使妳更美麗　　　　　　　　　　陳玄茹譯　130元
21. 瑜伽美姿美容　　　　　　　　　　　黃靜香編著　180元
22. 高雅女性裝扮學　　　　　　　　　　陳珮玲譯　180元
23. 蠶糞肌膚美顏法　　　　　　　　　　梨秀子著　160元
24. 認識妳的身體　　　　　　　　　　　李玉瓊譯　160元
25. 產後恢復苗條體態　　　　　　居理安・芙萊喬著　200元
26. 正確護髮美容法　　　　　　　　山崎伊久江著　180元
27. 安琪拉美姿養生學　　　　　　安琪拉蘭斯博瑞著　180元
28. 女體性醫學剖析　　　　　　　　　　增田豐著　220元
29. 懷孕與生產剖析　　　　　　　　　　岡部綾子著　180元
30. 斷奶後的健康育兒　　　　　　　東城百合子著　220元
31. 引出孩子幹勁的責罵藝術　　　　　　多湖輝著　170元
32. 培養孩子獨立的藝術　　　　　　　　多湖輝著　170元
33. 子宮肌瘤與卵巢囊腫　　　　　　　　陳秀琳編著　180元
34. 下半身減肥法　　　　　　　　納他夏・史達賓著　180元
35. 女性自然美容法　　　　　　　　　　吳雅菁編著　180元
36. 再也不發胖　　　　　　　　　　　　池園悅太郎著　170元

7

・青 春 天 地・大展編號 17

・健 康 天 地・ 大展編號 18

・實用心理學講座・ 大展編號 21

・社會人智囊・ 大展編號 24

・精選系列・大展編號 25

國家圖書館出版品預行編目資料

難解數學破題 / 宋釗宜 編著.
－2版－臺北市：大展 ， 2002【民91】
面 ； 21 公分 －（校園系列；22）
ISBN 957-468-174-2（平裝）

1. 數學－問題集　　2. 中等教育－教學法

524.32　　　　　　　　　　　　　　91018058

難解數學破題　　ISBN 957-468-174-2

編 著 者/宋　釗　宜
發 行 人/蔡　森　明
出 版 者/大展出版社有限公司
社　　址/台北市北投區（石牌）致遠一路2段12巷1號
電　　話/（02）28236031・28236033・28233123
傳　　真/（02）28272069
郵政劃撥/01669551
E－mail/dah_jaan@yahoo.com.tw
登 記 證/局版臺業字第2171號
承 印 者/揚昇彩色印刷股份有限公司
裝　　訂/協億印製廠股份有限公司
排 版 者/千兵企業有限公司
初版1刷/1992年（民81年）2月
2版1刷/2002年（民91年）12月

定價 / 200 元